爱的起源：
从达尔文到现代脑科学

A
General Theory
Of Love

【美】 托马斯·刘易斯（Thomas Lewis）
法拉利·阿米尼（Fari Amini） 著
理查德·兰龙（Richard Lannon）

黎雪清 杨小虎 译

重庆大学出版社

一旦你飞过，

你在地上行走时，

眼睛将永远望着天空的方向；

因为那里你曾经去过，

那里你渴望重新回去。

———— 莱昂纳多·达·芬奇

前　言

什么是爱，为什么有些人找不到爱？什么是孤独，为什么它会给我们带来痛苦？什么是关系，它们又是如何以及为什么按照它们的方式运作呢？

回答这些问题，就将暴露人类内心最深处的秘密，这就是我创作本书的目的。自从人类出现以来，他们每时每刻都在与不羁的情感核心做斗争，它们以不可预测和令人困惑的方式表现出来，而科学一直爱莫能助。西方世界第一位医生希波克拉底（Hippocrates）在公元前450年提出，情绪源自大脑。他是对的——但在接下来的2 500年里，医学再也没有进一步提供任何有关情感生活的细节。内心情感的表达只存在于艺术领域——文学、歌曲、诗歌、绘画、雕塑、舞蹈。直到现在，也是如此。

过去十年，关于大脑的科学发现迅猛增加，这是革命的前沿，它有望改变我们对自己、对关系、对孩子和对社会的看法。科学终于可以将它犀利的目光转向人类最古老的问题了。它的启示将会打破现代很多关于爱的内在运作方式的假设。

关于心灵，传统观点认为，冲动是人类野蛮史烦人的残余，而现代文明一般认为理智需要战胜情感。这个观点符合逻辑但可疑的推导如下：情感成熟就意味着情感约束。学校可以像教授几何学和历史学一样，教会学生缺失的情感技能。想要感觉更好，就要反省你固执和顽固的内心。社会习俗是这么认为的。

在本书中，我们证明，当理智和情感发生冲突时，心往往有更大的智慧。这是令人愉快的转变，科学——理性的右手——正在证明这一点。大脑古老的情感结构不是令人讨厌的无理性的累赘；相反，它是我们生活的关键。我们生活在无形的力量和无声的信息中，它们塑造了我们的命运。作为个人和一种文化，我们获取幸福的关键在于我们破译这个隐秘世界的能力，它无形地、令人难以置信地、不可阻挡地围绕着爱旋转。

从出生到死亡，爱不仅仅是人类经验的焦点，也是心灵的生命力，决定我们的情绪，稳定我们的身体节奏，改变我们大脑的结构。人的生理机能确保人对情感关系的需要并确定我们的身份。爱成就了我们的现在，也成就了我们的未来。在这本书里，我们解释了如何以及为什么是这样的。

在科学陷入困境的漫长世纪中，人类依靠艺术来记录心灵的秘密。这些积累的智慧是不可轻视的。本书在深入科学领域的同时，坚持人道主义思想，使这种探索变得更有意义。书中既有研究人员和实证者的观点，也有诗人、哲学家和国王的想法。他们各自的出发点可能在空间、时间和性质上不同，但是在这本书里，这些思想凸现出来并朝一个共同的目标汇集。

每一本书，如果必须怎样的话，那么它的语言应该富有表现力。它像箭头一样，经过充分打磨和润滑，直击闪闪发光的思想。这本书阐明了父母奉献的塑造力量，浪漫情感的生物现实，群体关系的治愈力量——它为爱争辩。翻过这一页，箭已出弦，它寻求的是你自己的心灵。

1 科学对爱的探索

---

2 大脑的基本构造如何引发爱的烦恼

3   **我们如何觉察他人的内心世界**

---

4   **人际关系如何渗透人类的身体、心理和灵魂**

5 **记忆如何储存并塑造爱**

6 **爱如何改变我们的现在及未来**

7 爱如何塑造、引导及改变儿童的情感心理

8 如何拯救那些迷失的心灵

9

文化如何遮住我们通向爱的道路

10

未来，我们将如何破译爱的秘密

致　谢

作者简介

1

科学对爱的探索

两个女孩
在一行
诗中
发现了生活的秘密。

写出
这行诗的我，对此却
一无所知。她们
（通过另外一个人）

告诉我，
她们发现了这个秘密，
但已忘记这个秘密是什么，
以及

那行诗是什么。无疑，
一个多星期后，
她们就忘记了
这个秘密，

这行诗，以及这首诗的
名字。但我爱她们，
爱她们发现了
我无法发现的，

爱她们爱我
写下的这行诗，
爱她们遗忘了这个秘密，
从而

最终
在临死之前，
她们可以
在另外的诗句，

另外的
事件中，
千万次地重新发现它。爱她们
想了解这个秘密的渴望，
最重要的是，

爱
她们相信
有这样一个秘密的
信念。

——丹尼斯·莱弗托夫（Denise Levertov），《秘密》

一本探索爱的心理学的著作，笔者却以一首诗开始，很多人也许会觉得奇怪，然而，这正是对爱的探索所需。诗歌产生于感情和理解的碰撞，而大多数感情生活也是如此。三百多年前，法国数学家布莱斯·帕斯卡（Blaise Pascal）写道："心自有理性所不知之理。"帕斯卡说得很好，尽管他不曾知道其中的缘由所在。几个世纪之后，我们知道了负责情感和理智的神经系统是分开的，这一发现在人如何理解思想和现实上造成了巨大的分歧。同时，尽管我们拥有热切的探索欲望，这一分歧给人类继续深入探索爱的秘密带来了巨大的困难。由于大脑独特构造，情感生活同诗歌一样，战胜了理性，两者都像夏日的海市蜃楼一样——虚无缥缈，无法用理性进行阐释。

尽管爱的本质很难界定，但它却有内在的秩序，一个可以发现、挖掘和探索的架构。情感体验的所有纷繁复杂，都不是空穴来风，它必须出自动态的神经系统，伴随着生理学构造而变得独特、模式化而且复杂。由于爱也是物质世界的一部分，因此它必然有规律。爱和世界上的其他事物一样，也有规律可循，规律是我们只能去认识但不能改变的。如果我们知道寻找的角度和方式，那么我们应该能发现情感的规律。我们无法抵挡情感规律的作用，就像一个人从悬崖上坠下时，无法抵抗地心引力的作用一样。

对爱进行定位是一件让人望而生畏的工作。所有对爱的定义都不可避免地要用更为广阔的整体情感思维进行考量。然而，直到最近的这段人类历史，都不存在任何关于情感的科学研究。古希腊的学科有几何学、天文学、医学、植物学，但没有比那些同时期的生动的神话更令人可信的关于人类情感的概念。这种经验的空白持续了数千年。哲学家详细阐述过情感生活，也对此进行过争论——有人认为是四种体液所致，有人认为是恶魔附体——直到公元19世纪末期，人类才开始对感情和激情进行系统的研究。

当科学的注意力转移到心灵的秘密时，解决这些问题所必需的科学技术是非凡绝伦的。19世纪末期，一大批思想家——西格蒙德·弗洛伊德、威廉·詹姆斯、威廉·冯特——他们致力于收集最早关于人类智力的科学记载。先驱们尽管非常卓越，但他们依然不知道思维的物质性，也不知道那些细微的神经机制，正是因为它们相互结合和协同工作，才创造出了丰富的精神生活——视觉、声音、思想、抱负和感觉。而爱的秘密的面纱仍未被揭开，它埋藏在到目前为止最难以探索的宝库里——即以千亿计的细胞里——它们之间不计其数的电流和化学信号一起创造了独一无二的、鲜活的大脑。

从20世纪开始一直到结束，有影响力的关于爱的文献都没有将生物学方面的信息收录进来。有这样一种戏谑的说法：在神经病建造的天空之城中住着精神病，收租的却是精神病医生。而精神病和心理学家的理论宫殿则悬浮在虚空之中，他们对情感思绪的理解形成于大脑密码还未被破解之时，他们的理论宫殿奠基在取之不尽的物质——最纯粹的猜想之上。

第一批研究人类激情的学者迎接挑战，大胆探索。在没有任何反驳的情况下，他们构想出稀奇古怪的精神理论以及没有物质基础的具体表象。在对心智的认识中，弗洛伊德不是唯一提出令人印象深刻的观点的空想家，但他却最坚定不移地认为自己的空想理论有坚实的基础。所以，弗洛伊德学说犹如空中楼阁，它们悬在那里，高耸入云：若隐若现的塔楼是超我，雄伟高大的拱门是自我，又低又矮的地牢是本我。尽管基础脆弱，那个关于情感生活的旧模式还是留下了深远的影响。弗洛伊德的思想传递给了每一代人。他的结论通过多种方式渗透进了我们的文化，他的假想经久不衰。

弗洛伊德时代的文化氛围对自慰带给道德和身体方面的危害充满了猜疑。弗洛伊德在他的有生之年并不赞成自慰，他认为自慰和性交中断会导致焦虑、困倦以及异常兴奋的症状，而这些症状在他的时代被称为情感机能障碍。随后，他总结道，儿童时期的性诱惑是真正的罪魁祸首，接着他又将自己的研究重点转向青春期同父母交媾的**性幻想**。当他的临床实验显示大多数患者都否认各种方式的早熟的性亢奋时，弗洛伊德也并没有质疑自己最初的信念。他认为，患者之所以不记得没有经验的感官上的奇异经历，是因为心灵在意识中神秘地带走了这段记忆。当他仔细研究了患者的症状和幻想时，他相信他能清楚地发现一些加密的线索，而这些线索可以帮助他发现一段黑暗的性历史，这段历史他从一开始就预想到了，只是没有注意到而已。

情感思维的原型里包含了我们所熟知的弗洛伊德理论机制：欲望的大锅在意识的表面下沸腾冒泡；被阳光普照的平凡的自我对潜伏的欲望毫无知觉；当然，洞察过去邪恶性欲的治愈能力是不可或缺的。这种对人类感情的理解将爱和性快感以及性堕落密不可分地联系在一起——事实上，这种体系认为，爱仅仅是被人们所禁止和排斥的乱伦冲动的一种复杂表现形式。而该体系的代表和旗手，弗洛伊德，浏览了一遍希腊神话的名单，选择了被诸神诅咒，无意中杀害了父亲、娶了母亲、弄瞎了自己、生活在痛苦中的俄狄浦斯。这个引用的故事衍生出来的寓意是：如果人类不想放任自己的兽性沉沦到难以形容的地步，那么必须服从于理性与知识的教化力量。

"人是轻信的动物，必须得相信点什么，"伯兰特·罗素（Bertrand Russell）写道："如果这种信仰没什么好的依据，糟糕的依据也能对付。"无论何时何地，人们都更希望听到解释，无论真假，无论是否站得住脚。所以，当弗洛伊德宣布他已一劳永逸地探究到了人类感情世界的深邃奥秘时，渴望获得一个解释的人们就对他的观点趋之若鹜。

然而，就像独裁统治一样，想要结束混乱状态总是要付出代价的。弗洛伊德的逻辑就是一个环状的莫比乌斯环。当患者遵从他的主张，回忆起早期关于性欲的经历时，他就说这些人很聪明；而当他们没有回忆起时，他就会说他们拒绝说出真相和想要隐藏真相。（把否认等同于忏悔的方式是一种万能的、卑鄙的手段，这种手段为多种多样的机构利用，从把礼拜堂的女巫烧死到宗教法庭的迫害。）今天，据说弗洛伊德的理论在一种叫作领悟的心理疗法中经常得到验证，而这种疗法仅适用于某些特定人群，这些人早已相信心理学家接下来想去证实的理论。而这种旋转门式的推理方式可以印证所有假设，无论那些假设多么荒谬。

心理分析学说深深地吸引着大众文化的关注，其他任何关于人类理智和感情的学说都无法超越。然而，在探究并揭开爱的秘密的过程中，弗洛伊德提出的模式属于近代科学以前的模式。这样的神话是随时都有可能消亡的。在大脑的构造还是一个谜的时候，在对心理的生理本质认识依然很遥远、无法探索的时候，可靠证据的缺失使得大量关于情感生活的主张和立场不加限制地被提了出来，而这些主张和立场在当时都是无法辩驳的。就像在政治中一样，决定这些观点的影响时间和大众接受程度的因素并不是它们有多么正确，而是致力于推行它们的人的能力和智慧有多高。

在那些关于心理的观点不加限制，可以自由提出的年代，各种稀奇古怪的观点堆积如山，就像大选时的承诺一样。有一种观点甚至认为：惊厥发作就是性高潮的隐蔽表现；阅读和写作滞后的儿童是在报复父母和他们分床而睡；偏头痛揭示了失贞的性幻想。在人们对大脑构造缺乏科学认识的年代，所有这些光怪陆离的断言大行其道。

我们三人都是临床医生，所以我们的回答必须基于实用主义。我们之所以揭示爱的本质，并不是为了完成"象牙塔"里的探讨，也不是为了参加学术盛宴。而是因为，我们的工作表明，这个世界上有非常多鲜活的人在爱和被爱这个问题上遭遇困境，他们的幸福在很大程度上取决于能否用最适宜的方法解决爱的困扰。无论一种心理模式是何等俗气或者虚无缥缈，一旦发现它在临床上有效，而且可以帮助患者了解他们的情感，那我们都愿意去尝试。

但是，当我们试图运用弗洛伊德的模式及其不计其数的分支模式时，我们发现疗效并不是这个模式的优点。在解决患者的情感问题时，我们发现，旧有的模式所提出的图解，在一个真正的人的身上是找不到的。患者的表现和我们的预测截然不同：患者不仅没有从弗洛伊德的模式中得到任何益处，而且真正能够帮到患者的方法也并没有告诉给我们。如果不能把这些理论扭曲和延伸，直到有所突破，那么我们每天在诊所遇到的患者所遭遇的经历，将无法通过这种解释人类情感的框架进行解释。于是我们只好转向别处，去寻找关于纷繁复杂的情感困惑的线索了。

在20世纪前半世纪，研究人类情感的科学缓慢地起步了，但是在后半世纪，这门科学却碰上了第二次偶然的助力。法国医生在寻找抗组织胺药时，同时也制造出了治疗精神病的药剂。据观察发现，治疗结核病的药物能够改善情绪，而经过几道简短的化学工序改造之后，抗忧郁药物便诞生了。一位澳大利亚人无意间发现锂元素可以使天竺鼠变得温驯，因此意外地发现了躁郁症的治疗方法。微小的分子经过摄取而运送至大脑后，能够去除幻觉、消弭忧郁、缓和情绪变化、驱走焦虑——这样的事实，与一切情感问题均源于压抑的性冲动的假设，有什么相关呢？

到20世纪90年代，药物治疗效果与精神分析之间的冲突几乎使后者分崩离析。同时，这种颠覆性的取而代之，也使我们无法得到一个对生命与爱的连贯解释。弗洛伊德的理论在20世纪最后十年土崩瓦解，让我们的渴望、欲望以及梦幻变得更无法解释。

虽然科学取代了弗洛伊德的地位，但它并没有为爱描绘出一个健全而又合适的框架，原因在于以下两个障碍。

第一，科学的严谨与冷漠之间存在一种奇特的关系：心理理论模式越是以事实为基础，就越是让人难以接受。第一个例子就是行为主义：行为主义处处炫耀经验论，但是因为它拒绝承认诸如思想和欲望等人类生命的基本要素，而让人们无法接受；认知心理学用一系列的方块和箭头将认知与行为相互连接起来，但是关于人类最珍爱的部分——也就是盲目的自我中心，它们却只字未提；进化心理学欣然接受了心理学中和达尔文主义相一致的部分，但是，该模式却猛烈抨击包括友谊、仁慈、宗教、艺术、音乐、诗歌在内的人类生命中缺乏明显生存优势的部分——称它们为幻觉。

现代神经学在传播无聊且枯燥的还原论方面，同样难辞其咎。如果说精神分析学家建造出供人类居住的空中楼阁，那么，神经学为人类提供的则是实实在在的住处。是不是所有的情绪或习惯都是脑细胞互相碰撞产生的结果呢？当情感问题出现的时候，我们唯一能够采取的措施，难道就是让儿童服用利他林，让成人服用百忧解吗？如果一个女人失去了丈夫，然后变得忧郁，那她的忧郁主要是由悲伤造成的呢，还是因为她的精神出了错乱呢？在定义人类本性的这门学问中，科学还是新手。但是，迄今为止，科学与人文主义依然相互敌视，想要发现其意义的探索者均被拒之门外。

形成一套关于爱的科学论述的第二个障碍就是确切资料的缺失。对于那些意欲了解大脑的人来说，系统的研究呈现出了诱人的前景，而且，经验主义一边慷慨付出，另一边却在退缩。虽然科技已取得大幅度进展，但是大脑科学却仍只有一些令人沮丧的线索，模糊不清。这些线索有可能指向正确的方向，却无法明确地引领我们得出确切的结论。科学在理解大脑的这条路上已走了很长的一段，但路的尽头却远在天边。爱的研究者在关于情感的问题上，依然面临实证与实用之间的古老关系：在值得去了解的关于爱的事物中，只有少数能够得到证实；而能够证实的，却只有少数值得去了解。

当绝不妥协的经验主义者冒险进入爱的领域时，他们却找不到多少可以讨论的议题。儿童对父母强烈而无法言喻的依恋，年轻情侣之间轰轰烈烈的激情，任何母亲坚定不移的奉献——所有这一切都像虚无缥缈的水蒸气。科学虽然极力想将这些归因为某种基因或细胞群的影响，却遭到无情的嘲弄。也许有一天，我们能够了解这一切，但这一天却遥不可及。在目前仍然缺乏实证论据的情况下，任何人都可以编造出各种关于爱的幻想，可信度大概与占卜的结果差不多。

如果经验主义是空洞的、不完整的，而仅凭印象臆测又不会给我们带来任何结果，那么我们还有什么希望对人类情感达成可行性的理解呢？用弗拉基米尔·纳博科夫（Vladimir Nabokov）的话说："没有幻想，就没有科学；没有事实，就没有艺术。"爱源于大脑，而大脑又是物质的，所以用科学的方法来探究爱，就像用科学来探究小黄瓜和化学一样，没有什么不合适的。但爱不可避免地带有个人色彩、主观意识，因此我们无法像昆虫学家一样，将爱像五彩斑斓的蝴蝶一样置入杀虫瓶并将其翅膀钉在厚纸板上做成标本。不管科学教会了我们什么方法，但只有把证据与直觉巧妙地结合起来，才能发现情感最真实的面貌。要摆脱空洞的还原论以及毫无根据的轻信，我们就必须在尊重证据和未经证实的也无法证实的喜好之间保持平衡。常识必须将异想天开和对正统观念的反感同等程度地结合起来。

虽然科学为探索及定义自然世界提供了极为有用的工具，但人类却有一种古老的天赋——能够察觉周围人心的本质。人类的这种天赋既符合逻辑又有影响力——在很多情况下更加有效。本书认为，这两种解读情感秘密（不论是朋友的、情人的、孩子的，还是你自己的）的方法均具有正当性与必要性。

多年来，我们三人翻遍了所有神经科学的文献，就是为了找到能够阐明亲密关系的有力证据，为了能够解开难题、揭开情感之谜。简言之，我们所追寻的就是爱的科学。我们在自己所学的领域当中找不到这样的理论，于是转向其他学科中找寻。经过各方搜寻，我们汇集了神经发展理论、进化论、精神药理学、新生儿学、实验心理学，以及计算机科学等各种不同学科的知识。

虽然本书引据了那些科学发现，但我们并不赞同学术论文可以揭开爱的秘密这种肤浅的假设，人类的生活才是最丰富的资源库。威廉姆·奥斯勒（William Osler）指出，试图研究身体却不借助书本的人，如同航行在没有航标的海域上；而那些只研究书本的人，则如同根本未曾出海，只在闭门造车。因此，我们尽可能地将科学研究的结果与我们的患者、家人或是我们自身的情感经验加以比较。

经过几年来对各种学科的交叉运用，这些跨学科的各种思想逐渐融合。我们开始以从未听过的词语去思考或者描述爱。一种变革性的范式自动生成了，而且我们也从此接受了它。对人类生活中最有意义的问题，我们在这个架构内找到了新的答案。这些问题包括：什么是感情？我们为什么会有感情？什么是人际关系？为什么有人际关系？情感上的痛苦是由什么引起的？如何能够消除情感痛苦，用药物还是精神治疗，或者双管齐下？什么是治疗？治疗为什么会产生疗效？我们该怎样塑造我们的社会，以促进情感的健全？我们该怎样抚养孩子？我们应该教孩子些什么？

探讨这些问题不只是一种智力游戏：人类必须通过得到这些问题的答案来了解生命的意义。我们每天看到人类对这些答案的需求，每天都看到缺乏这些知识所造成的惨痛后果。不能感知或不尊重加速度与动量守恒定律的人难免会撞断骨头；而无法把握爱的法则的人则不仅虚度光阴，还伤透自己的心。这种痛苦的例子，在我们身边比比皆是：破裂的婚姻、有害的关系、被忽略的儿童、未实现的抱负，还有被阻挠而无法实现的理想。在一个情感痛苦及其影响司空见惯的社会里，这些伤痛大量存在或者结合，将会对社会造成伤害。造成这种痛苦的根源通常被忽视，而推荐的疗法也往往效果不佳，因为这些疗法同我们的文化中还未能认可的情感法互相抵触。

尽管这些法则长久以来均未被人发现，却是实实在在地存在于人们心中。由于这种秘密皆藏匿于极其微小的迷宫之中，所以，想要彻底揭开大脑之谜，恐怕还得花上几个世纪的时间。我们都不可能活着看到揭秘那一天的到来。

在本书中，我们接受了当代科学范围内的挑战——借助想象力、创新以及生物科技提供给我们的方兴未艾的科学知识来探索爱的本质。我们不愿把本书著述为一本资料详尽的大脑百科全书，这本书里也不会隐藏复杂的神经解剖学图。我们不打算以令人头皮发麻的细节来绘制大脑的图画，而是要灵活地探索人类灵魂中的隐秘部位。

为了达成这个目的，我们的研究范围将远超一般人认为属于心理研究的范畴。我们的探讨对象将会涉及流浪狗的叫声、记忆的数学法则、草原土拨鼠的伴侣忠贞度，以及南太平洋地区人的脸部表情。我们将会讨论一位中世纪君主的儿童抚养实验、精神疗法所使用的技术、新生儿的天赋智能，以及人们看电影的时候为何会握着彼此的手。我们将会追问为什么会有家庭的存在、感情是什么、什么不是爱；天生失明的婴儿为何会微笑，而爬虫类动物又为何不会微笑。在这些彼此相异的领域交会之处，一种对爱的崭新理解开始成形。因此，我们开始以一种忠实于已知的生理学及人类生活经历的方式描述人类的情感生活、他们的激情与苦痛。

科学家和医生并非此领域仅有的研究者，当然也不是最早的研究者。在小说、戏剧、故事、诗歌当中，对心的秘密进行探究和传递的热切渴望，能够达到片刻的无与伦比的明心见性。正如物质和能量之间奇妙而惊人的等值，爱的艺术与科学之间也有出乎意料的共通之处。两者均借助于智力工具到达未知领域。伴随着真理带来的似曾相识的欣喜和震撼，两者都试图掌握难以言喻的事物并将其变为已知。既然科学已跨入了艺术的领域，某一方面的努力均可对另一方面有所启迪。

早在科学出现以前，观察力敏锐的人们已在互相述说着关于人类本性的故事，这些故事从未丧失其魅力以及其所包含的教育意义。运用科学研究人性的目的并不是要取代这些故事，而是要使其变得更加广博深刻。罗伯特·弗罗斯特（Robert Frost）曾经写道，有太多诗人自欺地以为心灵是危险的东西而必须加以排除。类似的想法也出现在对大脑的研究中，许多专家纯粹因为害怕而绝口不提爱的存在。

我们认为心是危险的东西，因此必须被研究。理想的与真实的、可证实的与不可证实的、心与脑，它们就如同带有相反电荷的粒子一样，相互排斥。但它们一旦结合，就会产生光和热。

在这光芒四射的交会处，爱便开始显露出来。我们在此开始的旅程绝对还未结束：目前的科学知识仅能暗示架构的存在，却无法加以定义。情感心理的城堡仍未在事实上扎下地基，而这城堡中也还有许多足供臆测、虚构，以及想象的空间。在神经科学开启了大脑的神秘之门后，我们已经能够更深刻地理解爱的本质了。这便是本书的主题所在：如果这还不是生命的奥秘，那什么才是呢？

2

大脑的基本构造如何引发
爱的烦恼

爱能够轻松地成为歌手吟唱的主题或出现在诗人的诗词中。在考量这些作品的心理天平里，爱无可争议地归属其中。但是，一想到要将人类悸动的心置于科学的严格审视之中时，便不禁令人迟疑踟蹰。科学遵从一项简约但有效的指导原则：想要了解自然世界的任一部分，就将其进行细分。可是，爱是无法分解的。这个僵局似乎没有回旋的余地。研究工作如何能够进行呢？严峻的客观思考对于难以捉摸、稍纵即逝、私密主观的爱，能够捕捉到一些什么呢？

幸运的是，现代科学对虚无缥缈的事物已经不像从前那样抵触了。前人将自然界视为许多精密的轮齿组合，任何人只要戴上一副足够强大、足够精密的放大眼镜，便能够看尽一切隐藏的细节。不过，这种观念在20世纪早期就被彻底粉碎了。随着物理学家与数学家对现实世界的研究越来越深入，他们同客观现实的终极判定产生了冲突。威廉·巴特勒·叶芝（William Butler Yeats）在1928年问道："哦，随音乐摇摆的身体；哦，发亮的眼神，我们如何能够知晓哪个是舞蹈，哪个是舞者？"诗人的想法与当时的科学极为一致。当时的科学，因为无法像传统科学要求的那样分辨知者与被知者而感到茫然。那些科学主观思想方面的来之不易的教训能够帮助我们了解，为什么我们的时代在探索人类自身的情感方面终于踏上了变革之道。

对于井然有序的宇宙观，首先进行反击的是阿尔伯特·爱因斯坦（Albert Einstein）。他提出的相对论认为，时间流动的快慢取决于你身处何处；而对于同一个事件，不同的目击者对事情发生的先后顺序也会有不同看法。几年之后，库尔特·哥德尔（Kurt Godel）指出，所有的数学体系都包含真实的但永远无法证明的基本定理，就像龙穴里的珠宝，虽然璀璨夺目，却可望而不可即。在爱因斯坦与哥德尔之间，还有维尔纳·海森堡（Werner Heisenberg）和他提出的不确定性原理。海森堡指出，我们对原子粒子的定位越精准，就越无法测出其运动速度；反之亦然，我们越能精确地测量出粒子的运动速度，其位置就越难以确认。

海森堡原理的重要意义在于它超越了原子层级，重铸了科学研究的基础。"科学不描述也不解释自然"，海森堡指出，但是"自然暴露在我们探询科学的方法面前"。同哥德尔和爱因斯坦一道，他引领科学家进入一个极不确定的世界——在这里，能知道的范围令人失望地逐渐缩小，诸如*观点*和*探询方法*之类的无形之物渗透了原本坚实的真理。1930年以后，不仅科学周围的知识变得难以确定，就连其根深蒂固的中心思想也神秘莫测。若要揭开爱的神秘面纱，科学必须改进其本身的探索方法。

下面这个古老的谜语说明了问题是如何界定能被发现的事物的：

在我前往圣艾夫斯的途中，

遇见一位有七个老婆的男子。

每个老婆都带着七个包袱；

每个包袱里都装有七只大猫；

每只大猫又带着七只小猫；

小猫、大猫、包袱，以及老婆，

去往圣艾夫斯的人有多少？

许多小孩都知道最佳答案是一个。讲故事的人是我们已知要前往圣艾夫斯的人。猜谜者未被告知，也无法猜出其他人物的去处。这个谜语隐藏了猜谜者不知道的部分——**"往圣艾夫斯的人有多少？"** 要回答这个问题只有先跳过藏在背后的另一个问题——*这些人都要去往哪里？* 这个问题无法回答——所以也就不必考虑。接踵而至的数字"七"巧妙地分散了粗心的猜谜者的注意力，就像魔术师让观众无暇注意到藏在他手掌里的王牌一样。猜谜者被迷惑，进入确定可知的领域当中，涂涂写写地做一些毫不相干的计算。

如果对爱的构造及运行方法一无所知，我们就不可能解开心的谜团。在目前对爱最普遍也最具影响力的观点中，生物学几乎毫无用武之地。因为就像圣艾夫斯的谜语所勾画的以及被海森堡所证实的那样，我们所问的问题会改变我们所看见的世界。大脑的结构和构造能够告诉我们爱的本质是什么吗？这个问题在一百年前是看不见的。当时的人并不认为对大脑欠缺了解会阻碍对情感的理解。的确，这种缺失极少被人注意到。

今天，我们认为爱的生理关联性是存在的。爱本身并未受到还原论的影响，但在20世纪的最后20年中，产生爱的大脑却受到了还原论的影响。然而，现代神经科学的出现，加上高科技的扫描机器以及精密的微型解剖工具，终于填补了在爱的研究中一直缺失的东西：一个能够进行分解的物质基础。

探索爱的秘密的人可能会想要回避研究大脑构造这个根本的事实，因为他们担心这方面的研究可能需要高超的技术，而且可能过程过于繁杂。事实并非如此。一个绝对不存在争议的事实是，大脑精密、细致、复杂的网络构造令人叹为观止，也常让人望之兴叹。不过，想要深入了解细节的人，也不必耽溺于细节之中，如同没有拿到工学学位的人也会开车。但是，了解内燃机的工作原理是必需的，如汽油是什么、要添加在哪里，以及为何不能点着火柴去检查油箱。因此，要了解爱的本质，并不需要研读每一期的《科学美国人》杂志，但熟悉大脑的起源与构造的基本原理，则可避免在激情火花四射时产生巨大的误解。

大脑内部结构

大脑是由神经元组成的网络，神经元就是神经系统的单个细胞。这样的解释并没有区别出大脑与心脏或肝脏等器官之间的差异——这些器官也是由类似的细胞结合而成的。器官的特性与功能来自其组成细胞所具备的特殊功能。神经元传递信号的特殊方式称为**细胞间的信号传递**。这些信号分为电流与化学信号；不断穿梭运送化学信号的分子称为"神经递质"。人们说某人患有"内分泌失调"（就是现在说的"不可控的不良行为"）时，所指的就是这一信号传递过程的一半，无意识地忽略了神经元的电流信号。没有人看到过电流对人的心理的影响，但大家都看过化学物质对人体所造成的改变。咖啡可以提高注意力，酒精会使人卸下心理防备，摇头丸会造成幻觉，百忧解则能够减轻忧郁症、强迫症和自卑程度——所有这一切都是通过加强或扰乱这些信号而造成的。任何物质只要能够模仿或阻碍神经递质，就能够对心理的某个方面造成影响：视觉、记忆、思想、痛觉、意识、情感，还有爱。

这一系列细胞不断互相传递信号的目的是什么？如此丰富的沟通有哪些有用的属性，又会带来什么结果？答案是：生存。一群神经传导细胞能够对突发的变化产生即时的反应。外在环境的信息被转译为接收进来的信号，然后经过中心神经元的处理之后，发出的信号便会造成"反应"，例如，抢食仅剩的一小块食物，或是为闪躲猎食者的扑击而跳开。神经元反应顺序越优的动物，生存的时间就越长。只要它们撑到下一个交配季节就算胜利。在优胜劣汰的法则下，第二名是得不到奖励的。

虽然我们对自己大脑里的神经系统颇为自豪，但我们必须知道，这种生存法则只是诸多生存策略中的一种而已。世界上最成功的生物体并没有大脑，而且也不需要大脑。细菌是地球上数量最多的生物，它只有单一细胞，没有多细胞之间的信号传导以及因此而产生的复杂行为，照样繁衍昌盛。尽管细菌有明显的缺陷，却可以存活于各种生态环境中，从极地苔原到滚烫的火山温泉。还有地球上寿命最长的生物——加利福尼亚州北部所产的巨大红杉木。它的寿命可达4 000年，但终其一生都不具有快速反应的能力。

最早的信号传导细胞组合颇为稀疏，这些组合包含了应对最简单的环境突发事件的指令，例如，左边出现了有害的刺激物，就往右移动，反之亦然。经过很长一段时间的演化之后，人脑已由上千亿个神经元所构成。大脑里错综复杂的结构决定了人类的本质，其中包括爱的本质。

三位一体的大脑

人类的大脑不是经过协同发展计划锻造而成的。进化是一个漫无目的的过程，受众多因素的共同影响，包括偶然性和环境，在漫长年代里形成生物体。进化是一个比任何委员会更反复无常的设计师，随着一代又一代的生物体适应不断变化的环境，进化过程充满了开始、倒退、折中和进入死胡同。我们习惯于认为这些适应过程是逐步的和渐进的，但是，正如奈尔斯·埃尔德雷奇（Niles Eldredge）和斯蒂芬·杰·古尔德（Stephen Jay Gould）在本书成本前25年时所认为的那样，化石记录与这种观点不符。进化过程不是一系列的平稳转变，而是不时地伴随着突发性的质变。如果环境变化足够快或有利的突变出现，生物体的诱发变异就会大爆发。

因此，人类大脑的发展既不是有计划地，也不是完美无瑕地进行的。它仅仅是这样发生了——而且人类血统会否决大脑配置的合理预期。通常，没有人会认为高级的神经设计应该要求一个生物体经常陷入无阻的迟钝状态，招致被掠食。但是，睡眠在整个哺乳动物世界里都是普遍存在的，尽管其神经功能仍然未知。同样易错的常识认为，人类的大脑可能是统一的、和谐的，但它不是；同质的大脑可以更好地发挥作用，但人类的大脑没有。大脑结构的进化不是为了适应某逻辑的规律而产生的，而是为了适应它们生存过程中的紧急状态而产生的。

美国国家心理健康研究所的高级研究员和进化神经解剖学家保罗·麦克莱恩（Paul MacLean）博士认为，人类的大脑是由三个不同的分大脑组成，每个分大脑随着人类的进化而产生。三位一体的大脑相互交织和交流，因为三个分大脑各自具有不同的功能、性能，甚至化学成分，所以有些信息在传递过程中丢失了。他的关于三重或三位一体的大脑神经进化的发现可以用来解释爱的混乱状态是如何在进化过程中产生的。

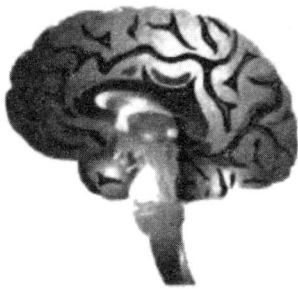

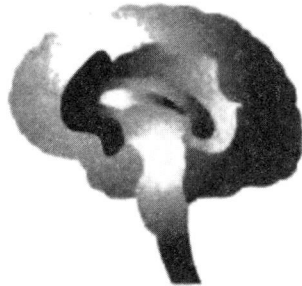

人类的大脑　　　　　　　　　三位一体的大脑

爬行动物脑

最古老的爬行动物脑是位于脊髓上方的一个球状突起物。这个大脑里存放着至关重要的控制中心——控制呼吸、吞咽和心跳，以及青蛙赖以捕捉在空中飞舞的蜻蜓的视觉跟踪系统的神经元。惊恐中心也在这里，因为对突然的动作或噪声作出迅速反应是动物需要大脑的主要原因。

爬行动物脑具有生存的生理机能，即使在"脑死亡"的人身上，它仍在起作用。如果爬行动物脑死了，身体的其余部分也将不复存在，因为另外两个分大脑对于维持生命的神经来说没有那么重要。例如，成为神经病学传奇的铁路工人菲尼亚斯·盖奇（Phineas Gage）。1848年，一次爆炸导致一根钢筋刺进盖奇的头骨：钢棍从他左眼下面进入，又从他的头顶出来，带走了他相当大的一块大脑皮层和推理能力。这次事故后，盖奇完全变了一个人，他从一个勤奋、整洁的人变成了一个懒惰、无序的人。但是爆炸后，从盖奇坐起来的那一刻起，他就可以正常地走路和说话；他可以像任何人一样，正常地吃饭、睡觉、呼吸、奔跑和漱口。没有了那个圆柱状的大脑新皮质，他又活了13年。但是，如果爆炸致使一颗大铁钉穿过盖奇的爬行动物脑的话，在第一滴血触地之前他就可能死去了。

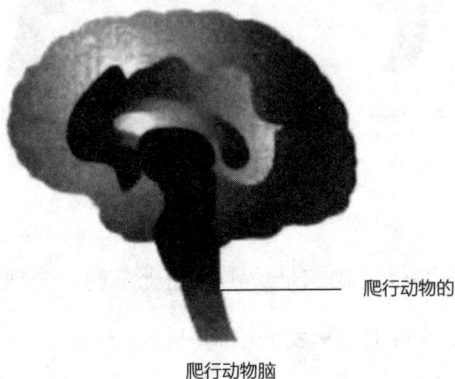

爬行动物的

爬行动物脑

只要爬行动物脑得以幸存，它就会保持心脏跳动、肺扩张和放松、血液中的盐和水平衡。就像主人已经离世的房子里的程控家用电器一样，爬行动物脑可以坚持不懈地运作达数年之久，尽管成就人的大脑的分大脑已经死亡。对于只有爬行动物脑在发挥功能的人，我们的社会充满了困惑：这样的人是死人还是活人呢？这样的人还是一个人吗？尽管令人悲伤，但由爬行动物脑驱使的身体和被切断的脚趾一样，这个人不再是人了。我们区别于其他动物或者我们相互区别的特质不在于这个古老的细胞团块。

如果我们期望爬行动物脑在情感心理的结构中发挥重要作用，那么我们将会感到失望。爬行动物没有情感生活。爬行动物脑允许基本的交流：展示进攻和求偶、交配和领地防御。麦克莱恩指出，有些蜥蜴种类攻击侵犯者并将它们从自己的领地里击退，这说明地盘之争在陆栖脊椎动物的历史上多么原始。当我们看到城市黑帮标记他们的势力范围并且因为有人误踏入他们控制的城区，或者因为有人在红衫帮控制的区域穿着一件蓝色的衬衫而找他们麻烦的时候，我们在某种程度上，正在见证这种远古时代大脑的运作模式，其动机更适合不合群的肉食动物的生活，那种大脑就是专门为它们服务的。

大脑边缘系统

1879年，法国外科医生和神经解剖学家保罗·布洛卡（Paul Broca）发表了最重要的发现：所有哺乳动物的大脑都拥有一个共同的结构，他称之为*"伟大的边缘叶"*（le grand lobe limbique）。因为布洛卡在这个脑回和其余的大脑半球之间看到一个"分界线"，所以他用拉丁语的limbus创造了这个术语，意为"边缘、边沿或边界"。因为他发现的结构标志着两种迥然不同的生活方式的进化分界，所以他最初的设计被证明是很恰当的。

人类的第二个大脑，或称为边缘系统的大脑呈褶皱状，慵懒舒适地环绕在第一个大脑周围。然而，在其光滑的曲线内，有一群名称拗口的神经小配件。它们听起来像巫师的咒语：海马体、穹窿、杏仁核、隔膜、扣带回、边缘和边缘海马组织区。

早期哺乳动物是从小型的蜥蜴式的爬行动物进化而来的。哺乳动物的独特创新——用恒温的身体携带正在发育的幼崽，而不是将它们留在体外的蛋里——早在一颗偏离轨道的小行星撞击地球并让恐龙打冷战之前就已经发生了。巨型爬行动物的快速消亡为有上升机会的物种带来了很多机会。哺乳动物急忙跑来填补空缺并且像兔子一样快速地繁殖。6 500万年后，哺乳动物仍然处于蓬勃发展的高潮时代。

高中生物课本根据躯体特征区分爬行动物和哺乳动物：哺乳动物生长毛发而不是鳞屑；哺乳动物自发热，而爬行动物则依靠太阳调节体温；哺乳动物是胎生，而不是卵生。但是麦克莱恩指出，这种分类忽略了一个主要的大脑差异。当哺乳动物从爬行动物系分离时，一个全新的神经结构在其头骨内形成了。这个全新的大脑不仅改变了生殖机制，也改变了生物体对后代的*关注程度*。典型的爬行动物父母的态度的主要特点是冷淡和漠不关心，而哺乳动物却可以同它们的后代进行微妙和复杂的交流互动。

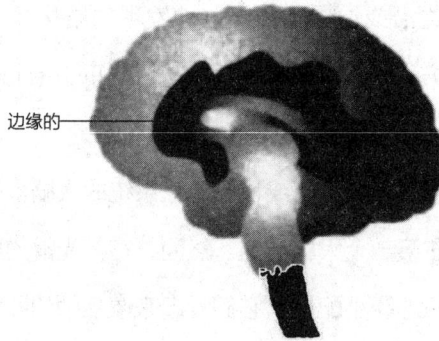

边缘的

大脑边缘系统

哺乳动物生产后，在它们的后代还不成熟的时候，它们照料、保护和抚养它们。换句话说，哺乳动物**照顾它们的后代**。我们人类对抚养和照顾如此熟悉，以至于我们常常认为抚养和照顾后代是理所当然的，但是这些能力曾经是很新奇的——是社会演变中的一次革命。爬行动物对后代最常见的反应是冷漠：它产下卵，然后就走开（或滑走）了。哺乳动物组成紧密连接的、相互抚养的社会群体——家庭，在这里成员花时间相互接触和彼此照顾。父母养育和保护它们的幼崽，并彼此照顾、相互保护，使它们免受外部敌对世界的伤害。哺乳动物会冒生命危险，有时牺牲生命来保护孩子或配偶不受攻击。而花纹蛇或者火蜥蜴看着自己的亲属死亡，它们连眼睛也不会眨一下。

大脑边缘系统还让哺乳动物能够给它们的孩子唱歌。哺乳动物和后代之间的有声交流是普遍存在的。把母亲从它那窝小猫或小狗身旁移走，小猫或小狗们就会不断地哀号——分离的哭泣——任何正常人都能清晰地听出它们叫声中的痛苦。但是，将一条科莫多幼龙从它长鳞的母亲身边拿走时，它的母亲却保持安静。未成年的科莫多龙不会大声宣告它们的存在，因为科莫多成年龙是贪婪的食肉族。在爬行动物母亲和幼崽之间只有沉默，不会救生，只有对那些大脑可以想象父母保护的动物宣告脆弱性才有意义。

哺乳动物能互相**玩耍**，这个活动是有大脑边缘系统的动物所特有的。任何与狗用旧运动鞋玩拔河比赛的人，松手放开鞋子以后，都知道接下来会发生什么——它会跑回来。它想要的是相互牵引感，而不是鞋。同一只狗能领会玩抓袜子游戏的基本乐趣

（不想留下袜子），它喜欢去拿——不让一个物体掉到任何地方的欢乐的庆祝活动，真是令人难以置信。这样的活动究竟有什么目的呢？狗不是在寻找食物，不是在交配，不是在抚养小狗，它没有做任何与生存或繁殖相关的事情。那么，为什么所有的哺乳动物都喜欢嬉戏、欢跳、打滚和打闹呢？对于不会说话的哺乳动物来说，玩耍就是身体的诗歌：它提供了一种表达自己的方式，说的是一件事而指的是另一件事，正如罗伯特·弗罗斯特所说，诗歌就是这样一种暗喻。凭借它们优雅的大脑边缘系统，哺乳动物觉得这种狂欢活动不可抗拒。

最新的大脑

大脑新皮质（来自希腊语的"新"和拉丁语的"外壳"或"树皮"）是最后一个分大脑，对于人类来说，这是三个分大脑中最大的一个。很早以前完成进化的哺乳动物，像负鼠（非常古老，它保留了有袋类动物的标志育儿袋），只有薄薄的一层新皮质覆盖在更老的分大脑上。最近起源的哺乳动物的大脑新皮质规模已经增大了，所以狗和猫有更多的大脑新皮质，猴子的比它们的还要多。人类的大脑新皮质已经激增到非常大的规模。

人类的大脑新皮质是对称的两大片，每片都有一块大而厚的亚麻布餐巾那么大，每片都呈皱褶状以便更好地挤进头骨小扁圆形的壳中。像大部分大脑一样，大脑新皮质是一个充满秘密和疑问的仓库。不过，科学已经取得了一些进展，知道了这个集结的神经元大军的功能和能力。负责说、写、规划和推理功能的神经元都位于大脑新皮质。控制我们的感官经验、自我意识、有意识的运动以及意志的神经元，都位于大脑新皮质。

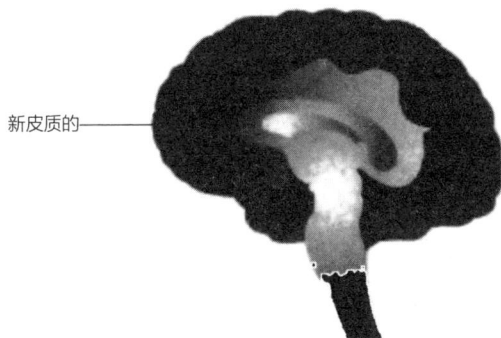

新皮质的——

大脑新皮质

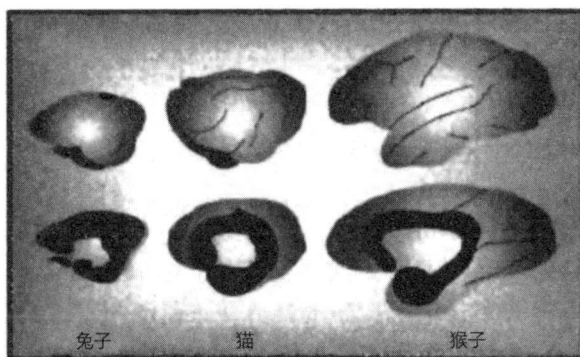

兔子　　　　猫　　　　　　猴子

兔子、猫和猴子的大脑
大脑新皮质在最近起源的哺乳动物中已经扩大，而大脑边缘系统的大小
几乎没有变化。（引自保罗·麦克莱恩的《演化中的三位一体的大脑》，
1990 年版。经 Plenum 出版社许可重印。）

大脑新皮质对我们经验世界的精心编排有时会导致令人惊讶的意识分裂和自我错觉。视觉皮质的损害可能产生盲视现象，即病人对自己的失明显示出错误的印象。虽然世界对他来说是始终如一的和永无休止的黑夜，但是，如果他要被迫猜测一束移动光线的位置，他的正确率远远高于概率水平——这说明病人具有他自己永远意识不到的神秘的视觉感应能力。奥利弗·萨克斯（Oliver Sacks）[1]的纪实作品不仅记录了错把妻子当帽子的男人，而且也记录了误以为自己的腿是恐怖的深渊的男人和因为遗忘了"左"的概念而离开了双边宇宙的女人。所有这些都是大脑新皮质错误加工处理信息的例子。

当一个人充满喜悦地度过一天时，他完全没有意识到最简单的行为背后那些奇妙的协调功能：伸手拿一杯咖啡；让舌头表达一声问候；抬眼看一下第五大道；招呼一辆出租车——所有这些行为都需要数以百万计的微小的肌肉纤维以极其复杂的顺序收缩。级联反应达到高潮，引起骨骼肌收缩，这是从大脑新皮质开始的，或者至少我们认为是这样的。运动皮质死亡的人（通常因为中风）失去随意移动部分身体的能力，但如果邻近的神经元可以接管这些废弃的但在其他方面仍然健康的肌肉，那么一个人就可以有限地恢复指挥它们的能力。运动皮质从而成为控制意志的明确"候选人"。

从运动的起始反应一直追踪到纠结缠绕柔软细密的神经丛，很快就会发现大脑倾向于阻止容易完成的运动，比如整齐的控制点。大脑X射线摄影术电波记录显示，在它们参差不齐的峰值和螺旋形的符号中，有一个向下沉的信号表示一个神经元正在发出运动指令——所谓的*准备就绪波*。当运动皮质产生运动时，准备

1　哥伦比亚大学医学中心的教授、神经学家。——译者注

就绪波好像才会发出意图的信号。所以，我们应该在这里寻找意向。然而，当实验者在被试面前放置一个时钟时，他们发现决定做出运动的意识出现在准备就绪波已经传递出来以后。我们认为的决定的意识火花在这种情况下被证明是马后炮，不是我们想象的宏伟庄严的主动的关联。就像闪闪发光的尘埃微粒融入神秘的运动旋涡，早期微弱的意图究竟在哪里以及如何合并，今天的科学仍然无法解答。我们发现得越多，就会发现我们不知道的也越多。正如E.E.卡明斯（E. E. Cummings）所说，一个更美丽的答案总是会提出一个更美丽的问题。

虽然大脑新皮质可能不会简单地控制自由意志，但是轻微的新皮质损伤就会产生特定的控制障碍——不能移动手臂、不能说话、不能集中注意力。更为古老的大脑的功能是无意识的。例如，爬行动物脑对血液中钠浓度的调节就没有受意识控制。对爆炸声产生的惊吓反应也是这样——即使有足够多的和详尽的警告，也没有人在听到巨响时能够抑制住向后退缩的欲望。

大脑新皮质赐予人类的另一个天赋就是抽象思考的本领：每一项需要符号表示、战略决策、设计规划或者是解决问题的总指挥部就在大脑新皮质。这种布局使得大脑新皮质和传统智慧之间的关系非常密切。在控制体重方面，能够更好地解决问题的物种总是比那些不够聪明的同伴拥有更多的大脑新皮质。人类的大脑新皮质占整个脑容量的比例比任何动物都大，这个比例赋予我们人类理性思维的能力。具有抽象思维能力的大容积新皮质为人类发展特有的口语和书面语言天赋奠定了物质基础，在这里，人类用本来毫无意义的叫声和涂鸦表示真实的人、物体和动作。语言是最伟大的而且也许是我们最有用的抽象思维本领。

使用符号的能力的出现不是为了赋予人类能说会道的口才，而是因为它可以让人活着。抽象思维的能力创造了潜在的精神未来。因为大脑新皮质可以进入假设的领域，所以它可以设想计划在哪里结束和如何结束，让它的处理器制定策略——不断预演和完善计划而又没有过早地泄露它的意图，从而可以避免它在现实中犯不起的错误。脑神经生理学家W. H. 卡尔文（W. H. Calvin）提出大脑新皮质最初是为弹道运动而生的——复杂的、一次性行为发生得太快而无法修正，需要计划精度。要想把一个皱巴巴的纸球抛到一个远处的废纸篓里或者把钥匙抛给一个熟人，那么一个人今天可能会体验到松开纸球和钥匙之前那一富于想象力的思考瞬间，就是提高准确度的预投、半投掷练习。假设分析能力能够改善一个人投掷石块的技巧以及下棋的技巧，那么，这种分析能力就成为大脑新皮质获得这项能力的基石。

许多人认为，进化是一个向上的梯级过程，一个产生更加先进生物的演变顺序。从这个角度看，大脑新皮质的优势——语言、推理、抽象思维能力——自然而然地被认定为是人性的最高属性，但是，垂直的进化概念模型是错误的。进化是一个万花筒，而不是金字塔：物种的形状和种类在不断地变化，但是没有设定至高无上的基准，没有现行秩序可以企及的巅峰。5亿年前，每一个物种或者已经适应了，或者正在改变自己以适应那个世界。今天，也是如此。我们随意地将进化的最终产品这个标签贴在自己身上，不是因为它是这样的，而是因为我们现在存在。要消除这种时间中心论偏见，大脑新皮质并不是三个分大脑中最高级的，而仅仅是最新的一个。

拥有三位一体的大脑的麻烦

进化时断时续的过程塑造了一个支离破碎且不和谐的大脑，而且在某种程度上由兴趣各异的部分组成。麦克莱恩三位一体的大脑模型的批评者们诋毁它故意将智力和情感分离，是过气的浪漫主义。虽然三个分大脑在谱系和功能上有所不同，然而，却没有人支持神经自主。每个分大脑已经发展成与其他分大脑相对独立又相互作用的关系，而且界线分明，如同黄昏和黎明，但比外科手术分界线更加暗淡。但是，说黑夜让位于白天和白天消失在黑夜是一回事，宣告光明等同于黑暗又是另一回事。理性和激情之间的分裂是一个古老的主题，但没有过时；它经受住了时间的考验，因为它说出了人类分裂心灵的深刻体验。

将新皮质与边缘系统脑质分离的科学依据依赖于神经解剖、细胞和经验基础。通过显微镜观察，边缘系统区域显示出比它们的新皮质对应物更原始的细胞组织。某些射线照相的颜色选择性地着色于边缘结构，从而以清晰、鲜明的笔画绘制出两个分大脑之间的分子差异性。一位研究人员制造了一种连接海马体细胞的抗体—— 一种边缘成分——并且发现那些相同的荧光标记物黏附在所有的大脑边缘系统部分，点亮整个大脑边缘系统，像一棵生物圣诞树，而大脑新皮质一点也没有出现颜色。某些大剂量的药物破坏边缘组织而大脑新皮质却毫发未损。一个精准攻击的壮举，是通过分析边缘组织和新皮质细胞膜的化学成分的进化趋异而实现的。

抚养、社会交流、沟通和玩耍在边缘系统区域都有它们的发源地，这没有什么值得怀疑的。移除一只母仓鼠的整个大脑新皮层，它仍然可以抚养它的幼崽。但是，即使是轻微的边缘系统损伤就会毁坏它的母性能力。猴子的边缘系统损伤可以抹杀它关于其他猴子的整个意识。经过边缘系统脑叶切除手术后，大脑边缘系统受损的猴子踩到它愤怒的同辈时就像踩到一根木头或一块石头一样，它冷漠地从它们手里拿走食物，就像它们根本不存在一样。麦克莱恩在啮齿类动物身上发现了相同的社会能力的丧失。在边缘系统脑叶被切除后，成年仓鼠忽略了它们的幼崽的呼叫和哭泣；一只边缘系统脑叶被切除的小狗会反复在其他狗身上走，"好像它们并不存在"。除了消除对其他同类的识别能力，去除边缘系统组织还会使这些哺乳动物对正常同伴的玩耍嬉戏提议丧失反应能力。

在人类中，大脑新皮质的思维能力很容易掩盖其他更隐蔽的心理活动。的确，思考的显而易见性为泛认知谬误开辟了道路：我思考，所以我所有的一切都是在*思考*。但是，正如拥有强大大脑新皮质的爱因斯坦所说："我们应该注意不要让智力成为我们的上帝；当然，它具有强大的力量，但没有个性。它不能引领我们，它只能为我们服务。"

人类三个分大脑令人眩晕的相互作用，就像赌博游戏中穿梭的杯子，巧妙地掩盖了情感生活的规则和爱的本质。因为人们最能清楚地意识到语言、理性部分的大脑，所以他们就认为他们心灵的每一部分都应该服从逻辑推理和意志力。不是这样的，话语、好主意和逻辑思维对三个大脑中的其中两个来说并不重要，人的大部分头脑都不接受命令。"从现代神经解剖学来看，"一组神经科学研究人员写道，"很明显，人类的整个大脑新皮质继续受大脑边缘系统区域调节，前者就是由后者演化而来的。"小说家吉恩·沃尔夫（Gene Wolfe）做出了相同的，但更令人愉快的评论：

我们说，"我愿意"和"我不愿意"，并想象我们自己（虽然我们每天都要听从一些平凡乏味的人的命令）是自己的主人，但是事实却是我们的主人们正在睡觉。一个主人醒来，我们就会像牲畜一样被驾驭，但是驭者只是迄今为止还未猜出的我们自己身体的某一部分。

科学家和艺术家都谈到拥有三位一体大脑带来的混乱。一个人不能用他吩咐运动系统去取杯子的方式来指挥他的情感生活。他不能强迫自己想要正确的东西，或者爱上对的人，或者在失望后感到快乐，甚至在处于幸福时光中时感到幸福。人缺乏这种能力不是因为缺乏自律，而是因为意志的管辖权仅限于大脑新皮质和那些在其职权范围内的职能。情感生活可能受到影响，但它不能被控制。我们的社会对按钮触摸式机械设备的强烈喜爱使我们没有做好准备去对付我们难以驾驭的头脑。人们现在认为，任何不顺从的东西肯定是坏掉了或者是设计不当，包括他们的心。

三个分大脑中只有最新的大脑新皮质按照逻辑和理性运行，而且只有它可以运用我们称为单词的抽象符号。情感大脑，虽然不善言辞而且没有理性，但它是可以表达的而且是凭直觉表达的。像艺术一样，大脑边缘系统负责激发和鼓舞，它可以用大脑新皮质能够理解的语言但无法精确表达的方式引领我们超越逻辑。

这样，情感材料的语言表达需要一个艰难的转变。所以，人们必须竭尽全力地把强烈的情感压进语言表达的"紧身衣"里。通常，随着情绪高涨，说话也会变得语无伦次，还会出现手势和无声的沮丧感。诗歌，作为大脑新皮质和大脑边缘系统之间的桥梁，是强大而又无能为力的。弗罗斯特写了一首诗："一首诗如骨哽在喉，不吐不快；一种乡愁，或者一种相思病，它是朝向表达的一种抵达；一种发现成就的努力。"

爱也不是从思想开始的。结构上的错配使得理智的"爪子"无法牢牢地抓住爱，就像试图用叉子吃汤一样。要理解爱的感觉，我们必须从情感开始——那就是下一章开始的地方。

3

我们如何觉察他人的内心世界

物体在水中会受到一股向上的力量，其大小等于该物体所排出的水的质量。这是阿基米德原理的纲要，它忠实于其数学关系，丝毫不带感情，而让这枯燥无味的定律焕发生机的是其背后的传奇故事。据说在22个世纪以前，叙拉古的国王希罗二世（Hiero Ⅱ）命令阿基米德鉴定一顶皇冠是由纯金还是由掺杂了其他金属的合金打造的。当阿基米德踏入浴缸的时候，他突然想到可以把皇冠放入水里，记录溢出的水量，再比较一块相同质量的金块放入水中之后所溢出的水量。两者排出的水量若有差异，即表示皇冠与金块的密度不同，而这个皇冠就并非纯金打造。这个在水中思考出来的方法不仅让他研究出了阿基米德原理，也让他表达出了他的至理名言。在灵感乍现之后，据说他便赤裸着身子从浴室跑到大街上大声叫喊着："我发现了！"

这个故事的焦点既不是皇冠也不是黄金，更不是阿基米德的聪明才智，而是阿基米德对工作的激情，纯粹的热爱之情。正如普鲁塔克（Plutarch）所描述的：

阿基米德经常被仆人强行带去澡堂，好给阿基米德洗洗澡、涂涂油。不过到澡堂之后，他却仍不断地画着各种几何图形，有时甚至拿烟囱里的煤块来画。当仆人为他涂上油及香科之时，他则用手指在自己身上画着线条。在研究几何学时所产生的愉悦之情使他心中充满了狂喜，让他达到忘我的境界。

可能阿基米德的洞察力很强，但是数个世纪以来一直感动我们的却是他情感的力量，是他的热情而不是他的聪明才智令他的原理赫赫有名。他的原理背后所蕴含的真正本质是：虽然大多数人难以真正理解其数学运算形式，但他那洋溢着喜悦的言行却是所有人都能够了解的。有人因看到全垒打而心生愉悦之情；有人因看到夕阳西下的绚丽色彩而心生喜悦；也有人因看着新生儿的双眼而心生愉悦。在两千年的岁月中，每个人对阿基米德的喜悦之情都能感同身受。

虽然阿基米德的物理学知识不那么受我们欢迎，但我们为什么能认同他的热情呢？要想回答这个问题，我们就必须首先知道以下这些问题的答案：情感是什么？它们是如何运作的？情感从何而来，又有何作用？

情感的表层意义是显而易见的：高兴、思念、悲伤、忠诚、愤怒、爱——这些情感色彩为我们的生命赋予了活力和意义。而且，情感不只是给我们的感知世界增添了色彩，它还深深地植根于我们所做的任何事情中，我们做出每个行动的原因都要比条件反射复杂得多。对事物的痴迷、热爱以及投入会引导我们认识到有趣的人与事，而恐惧、羞愧、内疚、厌恶则会让我们远离危险的人。即使是大脑新皮质最索然无味的抽象概念，其核心也都充满了情感：贪婪和野心是经济发展的动力，司法公正之下则隐藏着复仇与敬畏之心。无论在任何情况下，情感都是人类活动的驱动者及无所不在的引导者。

我们的社会总是忽视情感的重要性。由于我们的文化与大脑新皮质的运作密切相关，因此我们认为分析优于直觉、逻辑优于感受。认知有其不可磨灭的价值，从室内管道到互联网的应用，人类智力也让我们的生活变得更加便利。但是，在享受理性所带来的好处的同时，现代美国人却忽略了情感——这种行为的代价是巨大的，不但断送了人们的幸福，并且导致人们对生命本质与意义的误解。

这种刻意造成的失衡比我们想象的更具破坏性。情感除了赋予我们各种各样的感受以及有用的驱动力之外，科学已经发现了其更深层次的目的：古老的情感机制能够让两个人接受对方的情感。情感是爱的使者；情感是运载工具，它能将一颗心里的每一丝情感传递给另一颗心。对人类而言，深刻的感受就等同于活着。我们将在本章里探究其原因。

哺乳动物的秘密社会

第一位致力于情感研究的科学家是达尔文。在发表了《物种起源》之后，达尔文还写了三部著作：《动物和植物在家养下的变异》《人类的血统及性选择》，以及《人类和动物的情感表达》，来进一步阐述他对进化和自然选择的观点，其中最后一本著作出版于1872年。正如其标题所述，达尔文认为情感是生物体的演化适应过程，与身体其他部位，如爪子、腿、螯针、鱼鳃、鳞片、翅膀等的演化一样，都是自然选择的结果。情感在自然选择的过程中得以留存下来，其原因也与其他特性一样——为了增强物种的生存能力。生理结构占优势的生物在竞争中占上风，得以生存下来并把自己的基因传递给下一代，而那些生理结构较差的生物则会成为古生物图鉴的收录对象。在达尔文看来，情感这种身体机能之所以可以持续存在，是因为其自身具有生物效用。于是，他开始研究情感表达来寻找他所确信隐含于其中的生物效用。

经过多年仔细记录情感表达之后，其记录的仔细程度不亚于他对加拉帕戈斯雀之喙的编目，达尔文得出一个结论。他认为，人在惊讶时扬起眉毛是为了提升眼睛的灵活度和扩大视觉范围；吃惊时吸气则是为了准备随后立即逃命；社会名流互相嘲笑时将嘴唇上翻则是一种犬吠的遗留动作，这些动物露其犬齿警告对手。达尔文提出的这些关于情感表达起源的假设几乎没人提出异议，而他的其他一些假设则让人们觉得异想天开。但是，不论他对情感表达方式的作用的说法是否准确，达尔文研究方法的本质是完全正确的。情感具有生理功能——而其对动物的生存的确大有帮助，而且只要我们对情感的研究足够仔细，我们或许可以发现它是什么。

不幸的是，达尔文从进化的角度解读情感的研究方式却早早夭折了。自20世纪初开始对心理的研究以来，行为主义很快主导了心理学的发展，而精神分析也主导了心理治疗方式。这两者关于情感的观点和陆生动物的演化学说大相径庭。达尔文的观点被打入冷宫长达数十年之久。在五十多年的时间里，心理学与心理治疗当中主要的情感理论都更像是哲学而不是科学：它们被无休止地讨论、争辩，却很少被检验，而且与人类生物学关联甚微。但是在20世纪60年代中期，一些研究人员让达尔文对情感的原始概念恢复了往日的生机，将其视为可以继承的神经系统的优势。这种新的情感科学所取得的研究发现重塑了现代人对心理、人性和爱的看法。

表情的深层含义

30年前，情感科学家保罗·艾克曼（Paul Ekman）和卡萝·伊藤（Carroll Izard）各自通过研究印证了达尔文情感进化理论中的一个重要命题：在全球所有文化和所有被研究过的人中，脸部表情是完全相同的。没有一种文化用嘴角上扬来表达愤怒；也没有人会在惊讶时眯缝着眼睛；一个愤怒的人在所有人的眼里看来都是愤怒的，幸福的人和令人憎恶的人也很容易被看出来。

艾克曼观看了一部胶卷长达十万英尺（1英尺≈0.305米）的影片，拍摄内容是新几内亚一个与世隔绝的原始部落，而这部影片有效地证实了情感表达方式的全球一致性。连续的镜头显示出新几内亚人的面部表情与美国人如出一辙。尽管在服饰、外貌、社会背景、文化风俗、气候和生存环境方面有较大的差别，而且他们从未与外界接触过，但新几内亚土著人的表情却让人觉得非常熟悉。

艾克曼也测试了他们对外国人面部表情识别的能力，他发现结果完全一样。他给他们展示了三张美国人的照片——愤怒的表情、快乐的表情和恐惧的表情，然后让他们选出与这些表情相对应的描述："她的朋友们来了"或者"她正要和人打架"。这些新几内亚人为第一种情景挑选了快乐的照片，为后者则挑选了愤怒的照片。在"你的小孩夭折了"以及"你看到一只被搁置很长时间的死猪"等描述后，他们也能轻易地选出与其相对应的照片。艾克曼发现，文化并不会改变面部表情的表达方式，即面部表情是人类全球通用的语言。

表情与生俱来的证据近在咫尺，远没有南太平洋那般遥远。正如达尔文所了解到的，就算是天生失明的婴儿，只要与母亲有愉快的互动，他也会微笑。这样的微笑来自一个不会说话、走路，甚至都不能坐起身来的婴儿，但他也知道如何通过肌肉的收缩变动来表达自己的快乐，虽然他从未从别人的脸上看见过。他的这种知识肯定是天生的。一个失明婴儿的微笑一定反映了大脑天生的情感构造。

艾克曼的研究表明，情感的表意性赋予人类极为复杂的沟通系统。这种易于接受的机制能使人们获得有关他人内在状态的复杂知识，而不受族群或方言的阻碍。我们所有人都持续散播着有关自己内在状态的信息，而只要是留意的人都能够接收到这些信息。既然情感源于生物进化史，那么它们的前身一定也存在于其他动物身上；我们的近亲动物应当有和我们相似的情感表达方式，而且它们确实有。

| 中性表情 | 怒视 | 喜欢 | 极度恐惧 |

恒河猴脸上的表情。[引自谢瓦利埃 - 史考尼柯夫（Chevalier-Skolnikoff），《达尔文和面部表情：一个世纪的研究综述》，1973，由保罗·艾克曼编辑。经学术出版社的许可重印。]

因为其他哺乳动物也有表情，那是否也意味着它们也有感情——一种表现出来的情感状态呢？从科学角度而言，这个想法在不久前还是可笑的。但如今，有些情感科学家则支持这种观点，认为其他哺乳动物也是有情感意识的——它们是有感情的。这一逆转让那些主张泛生命体平等的动物爱好者欢欣鼓舞。但是，动物爱护者马克·德尔（Mark Derr）写道："关于动物是否拥有意识、智力、意志以及情感的答案早已经非常确定了。"他一定是在汇报除人类以外的其他动物的一致性。动物们或许对此完全同意，但人类，据我们所知，还一直处于争论中。

关于动物内心世界的主张则必须找到间接证据。例如，我们知道一些动物同样拥有使人类产生恐惧感的神经结构。如果那样的动物看起来害怕（表现出害怕的表情）并且做出害怕的行为（如发愣、发抖、逃跑等），那么许多理智的人，包括冷静的科学家在内，都会得出结论——该动物正感到害怕。

不论我们是支持还是反对动物拥有情感的观点，都没有直接证据可以证实该观点。从本质上而言，主观意识具有不可转移性。（甚至其他人也有感情的这个假设也是无法证实的。而且我们也会发现，这个假设经常也是错误的。）科学仍有许许多多的奇迹等着后人去发现，但人类要想直接获取一只刺猬或榛睡鼠的内在感觉却是根本不可能的。

如果我们认为不是只有人类才拥有情感，那么拥有情感的其他物种还包括哪些呢？情感作为大脑边缘系统的产物，它属于哺乳类动物。对于有些人来说，蛇、蜥蜴、乌龟以及鱼等动物很可爱，但它们却无法接受或传达情感信息——它们没有处理情感所必需的大脑边缘系统。

从最早的爬行动物脑到我们比较复杂的大脑，情感也有其进化发展上的先后顺序。恐惧或许是大脑边缘系统中最古老的情感，它是原始爬行类生物所感到的惊吓的衍生物。紧张不安的感觉帮助早期的哺乳动物轻松应对来自生命体和非生命体的各种威胁：尖利的牙齿、黑暗的洞穴、长长的脚爪、令人眩晕的高度。厌恶感也同样使哺乳动物对各种危险有所警示——巴斯德微生物疾病理论的完美体现，该理论认为厌恶感使动物能够察觉腐败的食物及黏稠的排泄物当中可能含有的有害物质。那种令人作呕的强烈厌恶感自古就有了，跟善于利用它来保护自己的动物如臭鼬、缟臭鼬一样古老。

在演化过程中接着出现的情感则有助于哺乳动物进行简单的社交互动：愤怒使哺乳动物作好战斗的准备，并警告其他同类准备面对凶狠的敌人；嫉妒使哺乳动物提高警惕，以防其繁殖机会被篡夺。后来出现的情感则使社会性的哺乳动物更加精确地认识到自己在群体中的地位——这些情感包括蔑视、骄傲、内疚、羞愧、谦卑。最近出现的情感，也是其他哺乳类动物最不可能拥有的情感，则需要大脑新皮质抽象思维的参与。宗教狂热大概是非人类的动物所无法理解的，而对毕达哥拉斯定理及牛顿万有引力定律中简洁优美的真理有所领悟时所产生的那种狂喜也是如此。

但是，大多数的情感根本不需要任何思考。多年来，患者向我们谈起宠物会在他们感到沮丧时守护在他们身边并抚慰他们。我们所接受的医学训练（在情感问题方面经常是帮倒忙）使我们对这种说法持怀疑的态度。狗或猫如何以其微量的大脑来理解人类情感这般复杂的状态？这还不如期待犰狳能够掌握代数。但猫和狗是哺乳动物——大脑新皮质很原始，大脑边缘系统却很成熟。它们与人类共有的大脑边缘系统背景能够让它们解读及回应其主人的各种情绪状态。所以，如果有人说他有一只猫会察觉到他心情不好而躲到床底下，或是他有一只狗会察觉到他的悲伤而前来安慰他，我们不再会认为他赋予了宠物过多的人性。这种互惠的过程是相当简单的：一个敏感的人能够知道一只狗是否疲惫、满足、害怕、内疚、好玩、有敌意或者兴奋。

缺乏大脑边缘系统的动物情况则大不同——试着去解读乌龟、金鱼或者蜥蜴的内心状态就知道了。具有相同系统发育史的动物也具有很高的相似性：就像哺乳动物的手腕及脚踝处都有相似的骨头突出结构，所以其情感认知与表达也有潜在的共性。同一种情感语言的不同表达形式在所有的哺乳动物中都存在，有些超出了我们的理解范围，而有些则与我们的解读器官——大脑边缘系统较为接近，也易于了解。

音乐与蜉蝣

情感的代号源自一个统一的神经结构。情感科学的任务就是要探究这个古老的结构，而正如它所做的，它已经揭开了爱的根源。

作为会制造工具的动物，人类倾向于将重要性与持久性联系起来。无论是帕特农神庙的柱子，还是金字塔的巨大石块，都会引起我们的惊叹和敬畏。情感在人类生活中的重要性及其让人无法忍受的短暂性的对比则是令人非常困惑的。情感是精神上的蜉蝣，很快地产卵，接着很快死去。高速摄像显示脸部表情在受到刺激的几毫秒内便会出现，然后也瞬间退去。我们或许可以按照这种方式草绘出一段正常情感的短暂生命：以时间为横轴，以情感回路的活动为纵轴。

情感具有音乐乐符一样的短暂性。当钢琴家敲击琴键，音锤撞击乐器内相应的琴弦，令其按照本身的频率而振动。当振幅慢慢地缩小时，声音也就随之减弱然后消失。情感也以相似的方式运作：某件事物触动了相应的琴键，随之产生内部的情感之音，但很快又恢复平静。（"拨动某人的心弦"以及"使我产生共鸣"等比喻的说法就是由此来的。）在情感回路所引发的并不是声音，而是面部**表情**。当神经冲动越过意识的门槛，随之出现的就是**感情**——情感活动的意识经验。随着神经活动变弱，感情强度也随之降低，但在感情变得不可察觉之后，在回路中仍有一些残留的活动。就像哈姆雷特父亲的鬼魂一样，情感会突然出现在我们的人生戏剧中，将演员推向合适的方向，然后又消失得无影无踪，徒留下一抹模糊的印象。

情绪之所以存在，是因为情感的神经活动具有音乐方面的特质，音调太低沉以致我们意识的"耳朵"无法察觉。按照我们的惯例（源自艾克曼），情绪就是为经历某种特定情感而做出的预备状态。如果情感是一个清晰击响的单音，短暂停留在静止的空气中，那么情绪就是随之而来那延长但极为微弱的回声。因为意识对情感回路中逐渐减弱的活动反应很弱或者根本没反应，所以由刺激引起的情感反应可能根本引不起我们的注意。

如果一个人把咖啡洒到自己身上，他的恼怒相对来说持续不了多长时间——仅有数分钟之久。在意识上的感情消失之后，愤怒回路里依然有残留的活动。他会陷入一种*易怒的情绪*——易激惹，在回路中残留活动的唯一反应。假如他随后在客厅里被他儿子的滑板绊倒，那么他发怒的速度及强度都会超过应有的程度。既然造成某种特定情感的神经活动是逐渐减弱的，那么在情绪之窗里再次挑起该种情感会更加容易。

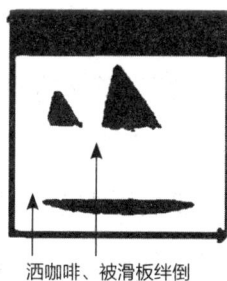

洒咖啡、被滑板绊倒

如果情感是稍纵即逝的，那我们又该如何解释有人会在整个早上都感到悲伤或一整天都感到很沮丧呢？我们必须援引点彩分色画法的概念，点彩分色画法就是用一群小点组成匀称的线段或优美的圆弧等几何结构。一段漫长的情感状况通常是由不断的唤醒带来的，也就是一段短暂的情感不断地重复出现而导致的。

通常最能造成情感重复出现的原因就是认知：人常倾向于在事后回想激发情感的起因，重新回味那个经验并激发随后的情感，就好像刺激情感的事件又再度发生一般。人类这种事后回想的偏好会放大情感造成的生理作用。比如，愤怒会造成短期的急剧的血压升高，但是经常因为刺激性的事件焦虑而烦恼可能会在诸如A型行为者的敏感的人群中导致持续性的高血压。大脑新皮质的假想趋向成为一种致命的不利因素。大脑边缘系统无法区分外来的感官经验和大脑新皮质的想象，因而不断地重新唤起情感，但是人的身体却无法承受这种连续的冲击。

大脑的某些特定构造会让单一情感持续不断地爆发，而不是像通常状况下的快速消退。大多数抑郁症就是这样的病状，有害的绝望情绪持久地主导患者心灵达数星期乃至数月之久，有时甚至屏蔽了患者其他一切想要有所突破的情感、思想和动机。躁郁症中的极度狂躁状态是情感不正常延长的另一个例子。不过，在这个病症当中，患者难以抑制的是兴奋及快乐的感受。至今还没有人知道大脑为何会无法摆脱某一种情感，而且在许多情况下，要让大脑摆脱某一情感并不是一件简单的事情。

一部情感的史诗

鳞片与细线

设想一个发生在两亿年前的情景。一只刚孵出来的小鳄鱼一动不动地趴在潮湿的蕨类植物叶片底下，其斑驳的肤色与周围的泥土以及被遮住的树叶混合在了一起。它张开小嘴巴，露出小小的牙齿，眼睛眨也不眨，就好像是石头刻成的雕像。在它的左边，低垂的树枝发出"咝咝"的响声，原来是有只巨大的动物在丛林里穿过。小鳄鱼用它的短腿一推一划，便跃入水潭里消失不见了。它暂时逃过一劫。

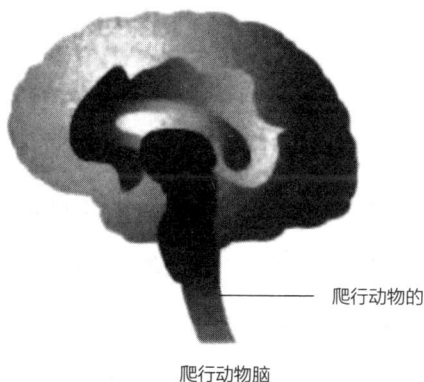

爬行动物的

爬行动物脑

现在我们让时光转回到现代。陆地板块断裂并在地球表面上滑动，冰盖扩大后又缩小，数不清的物种突然出现接着又突然消失。但是几百万年来，那只小鳄鱼以及它的大脑基本上毫无变化。但我们头颅里的爬行动物脑则没有维持在那种原始的状态中——而是经过适应、改变，并且学会了与另外两个较晚发展出来的副脑沟通。不过，我们大脑依然包含了爬行动物脑，也就是情感的原始先驱者。爬行动物脑位于人类脊髓的上方，在表面上看就像是一只胖嘟嘟的青蛙盘踞在莲叶上面。在这里，我们可以发现身体重要功能的古老控制中心，包括情感反应的原始种子。

"一个梦会将我们带往下一个梦，幻觉永远没有尽头。生命是一列情绪列车，就像一串珠子一样，当我们穿越这些珠子时，我们便会发现它们是多彩的镜头，用其自身的颜色为世界增彩……性情便是串起这些珠子的铁线。"拉尔夫·沃尔多·爱默生（Ralph Waldo Emerson）在1844年写下了以上这段话，他认为情感是天生固有的，可以说他是第一个提出这种观点的人。他是正确的——性情毋庸置疑是天生的。从出生的第一天开始，有的婴儿就是爱哭，而有的则极为安静；有的哄起来很容易，有的怎么哄也哄不住；有的喜欢咯吱作响的声音，有的则会害怕逃逸。医学博士 C. 罗伯特·克朗宁格（C.Robert Cloninger）认为，爬行动物脑中的情感控制中心决定一个人的天生性情。通过这些细胞群的预设反应，爬行动物脑为情感生活定下了背景基调。这个古老的脑就像一根细线，后期的脑用它串起璀璨夺目、绚丽多彩的"水晶"，拼成了我们的情感生活。

焦躁的构架

有些人天性就不喜欢冒险：他们宁愿存钱而不愿花钱，宁愿回避风险而不愿有任何冒险，宁愿退避三舍而不愿放手一搏。他们性情忧郁，这就是克朗宁格所说的情感基调的一个方面，是由爬行动物脑中的*中缝核*控制的。担忧是一种天生容易害怕的倾向——倾向于想象未来可能遇到的伤害，因此启动身体的逃避反应系统以便能够随时逃命。

爬行动物脑内的担忧机制通常在中点附近，这是一个最大限度提高生存机会的妥协机制：太多恐惧会使人过分约束，太少的恐惧又会导致轻率。史前时代的鳄鱼需要有足够的胆量不时地到外面去探险，但它需要非常机警才能在刹那间迅速地溜进水潭。大多数人天生都有适量的担忧，尽管我们的大众文化比较理想化，普遍认为个人的担忧是不存在的。阿诺德·施瓦辛格和布鲁斯·威利斯等好莱坞影星所塑造的英雄角色在面临惊心动魄的危险时刻时，依然能够冷静地面对。当我们赞叹他们的故作勇猛时，我们也从大多数人永远不会经历的性情中获得快感体验。

正因为无法拥有这种性情，我们应该心怀感激。在进化的历史丛林中，担忧程度过低往往会导致灾难。我们大多数担忧程度超低的祖先不是被蛇咬死，就是被其他动物的獠牙戳死，或者从树上掉下来摔死。这些过早的死亡使基因朝较高的恐怖程度修正。今天那些天生担忧程度低的儿童——对压力、新奇以及威胁的情感生理反应不足——他们长大后成为罪犯的概率高于普通儿童。众所周知，犯罪行为有部分是通过遗传而来的，而爬行动物脑中的负责担忧的神经元发育不足则是原因之一。焦虑会阻止人们做出高风险的举动。没有体验过不良后果情感打击的人不足以让自己远离风险，他们也不会知道什么候会做出他们本应该害怕和回避的事情。

因为DNA在人类的基因库中打乱并重组，不幸的人会继承极端的性情。在大多数情况下，古怪的个性不会为他们带来好处。在爬行动物祖先敢于从蕨类植物的掩护之下爬出来之前，它们的担忧令他们迟疑踌躇并且随时准备逃跑，因而能够保全性命。虽然我们在生活中遇到的危险已经改变，但是我们体内的神经机制却是相同的。这些担忧机制依然具有同样的功能：在它们的指引下，人们会预估未来可能出现的伤害，避开潜在的威胁，而且他们的心脏、肺、汗腺都会活跃起来以应对突发威胁。在这种原始的机制中，少数不幸的人还会遭遇极度的敏感。如果神经警报装置突然间爆响，结果就会惊恐发作——突发恐惧、生理感受及反应瞬间爆发（胸口闷塞、心跳加速、手心出汗、胃部翻滚），并迸发出各种充满恐惧的预期和计划。

当焦虑成为问题的时候，大多数人尝试以他们自己的方式来解决问题，然而这是徒劳的。但是，担忧源于爬行动物脑，它根本不受意志控制。一位明智的精神分析学家曾经如此描述自主神经系统（它传送由爬行动物脑送出的恐惧信息）："它离头如此之远以至于它根本不知道有头的存在。"然而，并非每一个具有易担忧性情的人都注定要一辈子活在焦虑当中，意志的蛮力无法改变性情。但是，我们在接下来的章节中将会看到，微妙的情感影响能够驯服最狂野的惊恐之兽。

爬行动物脑中的情感机制，正如担忧机制一样，会造成显著的行为倾向性。我们可以从它们中看到最早期的神经系统，这种神经系统在仔细观察周围环境之后能迅速地让身体作好准备，作出逃生的反应——例如，一只年幼的爬行动物在察觉附近有掠食者的迹象之后便马上潜入水潭。但爬行类动物的感知范围是有限的，爬行动物脑也只能够应对简单的生理变化。当生物进化出大脑边缘系统时，神经资源致力于调节生理机制，生物可适应的环境范围得以极大地拓宽。当生物体进化到了哺乳动物时，自然界同时也创造了一种新的神经反应机制——让生物体可以接纳爱的亲密拥抱。

连通不同世界的桥

1792年，伦敦皇家动物协会的乔治·萧（George Shaw）收到了一件从澳大利亚寄来的标本。这只多刺的动物蹲踞在他面前，看来像只迷你版的豪猪，却有一个突出的空心鼻子。萧并没有意识到这只动物出现于进化史上最重要的转折点，也就是哺乳动物开始出现的时刻。

萧收到的那只动物叫作针鼹鼠，严格来说它被归类为哺乳动物。它若不是最像爬行类的哺乳动物，就是最像哺乳类的爬行类动物。针鼹鼠行走时身体紧贴地面，摇摇摆摆的样子就像只蜥蜴。针鼹鼠过着独居生活，只有在交配时才会聚集在一起。母针鼹鼠在交配后会生下外壳坚韧、爬行动物的蛋，并且会把蛋携带在它身旁两层皮肤之间——相当于露天的子宫。19世纪的科学分类认为产卵的哺乳动物就是爬行类与哺乳类动物的混合体。那时的大多数专家都不愿意相信单孔目动物——针鼹鼠在分类学上所归属的类别——真的会生蛋。自然学家威廉·考德威尔（William Caldwell）在1884年提供了确切的证据，他亲眼看到针鼹鼠育儿袋里的蛋。他发给文明世界的电报——"卵生的单孔目动物"震惊了科学界。

澳大利亚针鼹鼠

单孔目动物大约出现于一亿至一亿五千万年前，它的出现标志着告别爬行动物生活方式的开始。尽管早期的分类学家对此并不了解，但哺乳类动物区别于爬行类动物的特征就是哺乳类动物头颅里新出现的大脑——拥有边缘系统的大脑。针鼹鼠不仅拥有自然界最原始的子宫，也拥有最原始的边缘系统装置。在所有的哺乳类动物中，只有针鼹鼠不具备一项大脑边缘系统的功能，那就是针鼹鼠睡觉时不会做梦。

在目前的构造中，大脑边缘系统不仅是梦的摇篮，同样也是高级情感活动的中心。大脑边缘系统形成的最初目的是监控外在世界以及身体的内在环境，并使它们协调一致。一个人看到的、听到的、感觉到的以及嗅到的都会传送到大脑边缘系统，他的体

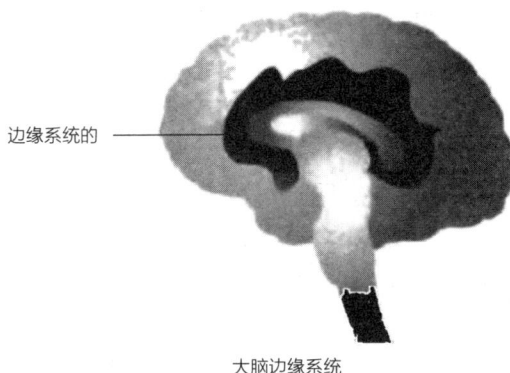

边缘系统的 ————

大脑边缘系统

温、血压、心率、消化过程以及其他身体参数资料也都会传送到大脑边缘系统。大脑边缘系统处于这两类信息流的交会处，它依据这些信息协调和调整生理机能，让身体达到最佳状态以便更好地应对外部世界。

这些调整有的是即时的，如流汗、呼吸以及心跳速度的改变。大脑边缘系统通过与爬行动物脑的控制中心取得联系而促成这些改变。大脑边缘系统引起的另外一些生理变化则较为持久：因为大脑边缘系统对内分泌系统产生作用，所以情感状态对免疫及新陈代谢等全身功能都是有影响的。尽管大脑新皮质在情感活动中是后来者，但它也同样接受大脑边缘系统的指令。这些会影响抽象思维活动，例如语言；也影响运筹策略的制订，例如行动规划。大脑边缘系统协调大脑变化，起到一种纯粹的沟通作用——在大脑边缘系统的刺激下，哺乳动物脸上的小肌肉群会按精确的布置收缩。面部是全身上下唯一的肌肉与皮肤直接相连的地方。这种布置的唯一目的就是要传递表达性的信号。

例如，一个人乘坐公交车上班，前往旧金山市中心的金融区。一个剃了光头、满身文身的青少年（在那地方并不少见）上了车，瞪了一眼这个乘公交车的人，从他身边走过去的时候还撞了他一下。这个感官信息马上传送到大脑边缘系统，而大脑边缘系统在细究了这个事件的意义后便令机体作好生理准备，迎接那个异常时刻。我们人类的大脑边缘系统会接收的信息包括侵犯者的面部表情、眼珠大小、身体姿态，甚至气味。大脑边缘系统会评估对方意图的性质——它是无意的、故意的、友好的、性感的、顺从的，还是漠不关心的？大脑边缘系统会根据其基因结构以及过去处理类似状况的经验而得出结论。在这种情况下，假设我们人的大脑边缘系统发现了敌意，于是为了应对这种情况，大脑边缘系统就会令他产生愤怒的情感。

一旦大脑边缘系统调整到了某种情感状态，它便将信息传送到大脑新皮质，因此产生意识思维（"这家伙以为他是谁啊？"）。与此同时，大脑边缘系统传送给新皮质层的运动前区的信息则指挥着行动规划；同时，对内分泌系统产生的影响会改变应急激素的释出量，这随后会影响整个身体达数小时或数日之久。大脑边缘系统对较低层的大脑中心所发出的指令会导致面部肌肉收缩而产生愤怒的表情：瞳孔缩小、皱眉蹙额、双唇紧闭、嘴角下垂。大脑边缘系统会指挥爬行动物脑改变心血管功能：心率会增快，同样血液也会流往胳膊和手——因为愤怒可能导致打架，大脑边缘系统会将生理系统调整到最适合斗殴的状态。这整个过程就像芭蕾舞者的单脚旋转般流利而优雅。前一秒钟，一个人还正只想着自己的事情——两秒钟后，愤怒之火燃起，他皱起眉头并双手紧握。

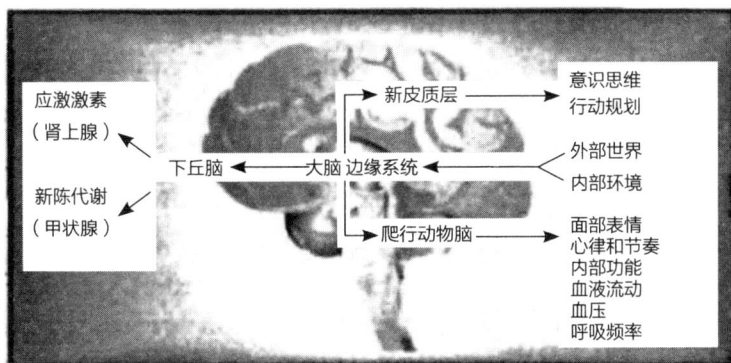

大脑边缘系统的中心地位

假设一位妇女正好跟在那好斗的少年身后，目睹了所发生的一切，她向那位乘车人投以同情与佯装恼怒的目光。如果她说话的话，她一定会说："你能想象现在的公交车上变成什么样了吗？"她没有说话，但那位乘车人的大脑边缘系统从她的眼神及表情中领会到了这个信息。对于一个情感方面无知觉的生物体而言，这两个互动是完全一样的：在一刹那间，一个正在走路的人瞥了另外一个人一眼。但是，其细小的差异所造成的情感暗示却是大不相同的。因为大脑边缘系统刹那间的精确反应，一个人可以成功地分辨一场临近的斗殴和真情的同感交流。

禁　闭

大脑边缘系统收集感官信息，把与情感有关的信息筛选出来，然后再将结果以一天上千次的频率传送到大脑的其他部位。

大多数情况下这一过程是完美对接的，但大脑边缘系统偶尔也会发生故障。鉴别健康情绪状态的方法之一就是检查它在出错时会发生什么。人类处于社会互动的海洋之中，被微妙的沟通网络所环绕却毫不知情。大脑边缘系统是我们内部的解码器，让我们能够很快地解译大量复杂的信息，但解码器一旦发生故障，其缺陷则正好能让我们知道情感活动有什么作用。

几年前，我们遇到了一位名叫伊凡的16岁高一学生。他的母亲想让他去看精神病医生，因为他没有朋友，这让她感到担心。在他很小的时候，其他小孩就嘲笑和排斥他。

在见了伊凡之后，我们便不难理解为什么他会遭人嘲弄。伊凡和气又友好，但他的社交行为却那么不和谐。例如，他和人握手的时候站得太近，说话也是大嗓门。他的语调出奇地单调，眼神散漫，穿衣风格也不像普通的青少年：他身穿一件格子衬衫，打了一条纯蓝色的领带。

伊凡声称他不想在同伴中显得与众不同。他想不通别人为何挤对他，而且他想知道自己怎样做才能和他们相处得更好。他智商高成绩又优秀，但随着进一步了解他之后，我们发现他完全无法凭直觉得知社会互动的规则——因此也无法得知衣着、举止以及问候的规则。有一次，他想拿一个棒棒糖作为礼物送给一个女孩约她出去。那女孩认为他在捉弄她，感到非常生气。反过来，他对女孩的这种行为也大为不解。正如他所解释的，他见过别人通过送礼物的方式来建立友谊，而有的人有时候送的就是棒棒糖。

我们大多数人都明白情人之间会互送鲜花、糖果以及写情诗，而棒棒糖是在生日宴会上和哄小孩时才用的。谁说棒棒糖不能代表浪漫呢？这种行为规则根本毫无道理可言，但大多数人对此并不难理解。这个男孩不能自然地获得社会习俗。尽管他非常努力，但依然无法获得这些社会习惯。他能够接受关于人类交流的具体准则，例如，"大多数人希望你和他们讲话的时候离他们有一段距离"。但他无法抓住社会互动的本质——他永远无法通过感知别人的不自在而相应地调整人际交往距离，但一个大脑边缘系统正常的人则能够做到这点。情感信息对于他来说，就像是难以理解的象形文字。本来应该为他的情感生活提供破译密码的大脑边缘系统却根本不起作用。他很迷茫，在这个无情的世界里，他对社会行为依旧茫然无知。

　　维也纳的儿科医师汉斯·阿斯伯格（Hans Asperger）在20世纪40年代首次提出了这种疾病，现在被称为"*阿斯伯格综合征*"。患有阿斯伯格综合征的儿童在智力上可能很聪明，很有才气，但在情感上却很笨拙，无法辨认其他人社会行为中的微妙情感，有时候甚至连自己的情感也无法辨认。当我们问一位患有阿斯伯格综合征的年轻妇女是什么让她觉得不高兴时，她很快纠正道："我知道'快乐'和'不快乐'这两个词对其他人具有重要的意义，我听其他人说过这两个词，但我却不知道这两个词意味着什么。"她告诉我们："据我所知，我从来没有经历过这两种情感当中的任何一种。我也没有任何依据能回答你的问题。"我们感到很惊讶，我们试着找出一种她也许经历过的较为广义的情感活动。我们其中一个人问她："你知道玩耍是什么吗？"她很困惑地注视了我们许久，然后问道："相对于什么而言呢？"

收尾工作

因为进化进程中的最后一个分大脑主导抽象思维，所以我们必须把人类卓越的认知成就归功于大脑新皮质，这些成就包括语言、解决问题的能力、物理、数学。情感功能并不需要太多的假设——构想相对论需要依靠大脑新皮质的聪明才智，但失去之后感到悲伤以及在越过拥挤的人群看见心爱的人感到喜悦，是不需要依靠大脑新皮质的。尽管大脑新皮质不能产生情感，但它却能调节感情，并将它们同自身的某些抽象思维功能结合在一起。

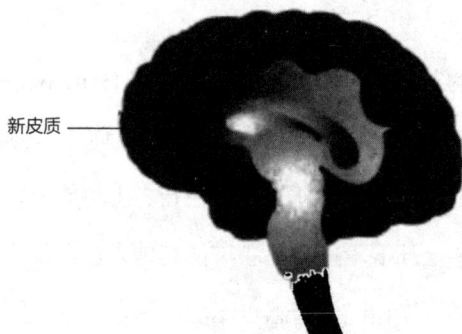

新皮质 ————

大脑新皮质

因为具有组织及破译抽象概念的能力，大脑新皮质能够产生语言——一串能传达信息的符号。虽然情感的产生是受大脑边缘系统控制的，但对情感的谈论却是由大脑新皮质控制的。这种分工造成了翻译难题。缩小两者之间差距的神经机制之一就是语言韵律——大脑新皮质层借用这种方式，以情感改变了其枯燥的概念。

　　大脑的两个语言中枢都位于大脑新皮质左侧。

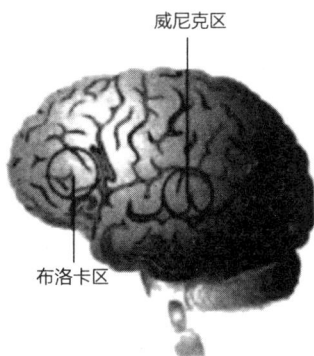

位于大脑新皮质左侧的语言中枢

　　威尼克区（言语中枢）将进入大脑皮层的汽笛声和滴答声翻译成具体的意义，而布洛卡区（大脑左前下部控制言语的部分）则将思想转化为一串串的文字。威尼克区受损的人无法理解别人说的话，但他们可以用话语表达自己；而布洛卡区受损的人不能说话，但能够理解别人说的话。

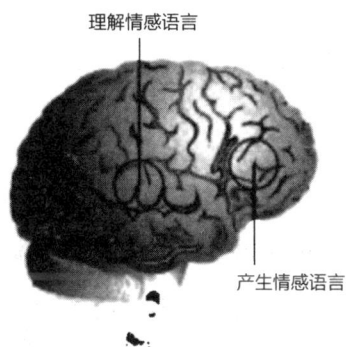

位于大脑新皮质右侧的情感语言中枢

大脑右颞叶的新皮质镜像区对语言的情感内容具有同样的功能。这些区域受损的人会产生"失语韵症"：他们当中的很大一部分的人无法辨识语言中的情感含义，而其他人则无法在言语中传递细微的情感差别。这些都是严重的缺陷，因为语义结构相同的句子在语韵模式不同的情况下很容易就有了相反的意义。讽刺必须完全依靠音调来体现。像"这发型很不错"这种句子是很容易引起歧义的，尤其是在不知道其语韵的情况下——这句话可以表达很多意思，它可能表达"我想和你上床"或者"你看起来就像个傻瓜"的意思。任何和青少年相处过的人都知道单音节词——是、对、当然——可以表达同意、蔑视、热情、漠不关心，或者上千种其他微妙隐含的意义。如果一个人的威尼克镜像区受损，那他就无法分辨文字中可能含有的意义。如果一个人的布洛卡镜像区受损，则会导致其无法为其话语赋予情感意义——他无法用情感的调色板为语言上色，因此他的话语听起来就会枯燥而且生涩难懂。他们的话不会具有威胁、幽默或亲密的语气，因此他们不可能成功地与情感正常的人交流。因为情感正常的人是依据这些线索来判断说话者意图的。

　　虽然大脑右颞叶的新皮质受伤的情况非常少见，但成千上万的人在每天使用电子邮件的时候都会体验到失语韵症的问题。正如晚上，所有的猫都是灰色的，每个人在使用电子邮件时也是无法传达语调的，因为发邮件时简略的语句缺少情感的音调变化。这就是为什么人们在使用电子邮件时经常误解对方的意思，也是为什么人们在网上比在其他社交互动中撒起谎来要容易得多。电子邮件因为没有语调、眼神及表情等各种可感知的线索，所以它能够伪装情感。人们假冒各种各样的身份，就是因为他们能够伪装。

人类对语韵的需求之大以至于不能对之置之不理，所以它才发展出了带有情感意味的文字符号——情感符号。情感用多种标点符号组成脸部表情——要推导其意义，观察者需要在心里将这种图像顺时针旋转90°。愉快和不愉快是最先被画成漫画：在交流中广泛使用的情感状态："：）""：（"；而且随着电子邮件的急速普及，情感符号设计者的创意也急速爆棚。目前有多达两百个以上的情感符号，传达从淘气"＞：－）"到惊讶"#：-0"等各种情感状态。

情感符号的快速兴起证实了大脑新皮质先进的符号工具拥有令人难以忍受的模糊性，也证实了这种模糊性会造成大脑边缘系统动物之间的沟通障碍。但不论情感符号的设计多么有创意，它仍然无法与情感相提并论——经过巧妙装饰的符号也依然无法表达怀旧、嫉妒、渴望或者羡慕等感情。在这个逐渐数字化的世界里，电子邮件仍然可以很方便地代替直接对话，但电子邮件无法传送人类说话时使用情感语调与面部表情时不自觉地传达出来的丰富情感。

缺失的大脑边缘系统数据是极为珍贵的。目前各大电信巨头都投掷上亿美元竞相开发价格实惠的由电话线或者有线电视连线传输的双向视频。即使拥有先进的信息压缩计算系统，但要想数据流的分辨率能高到足以捕捉脸部表情的细微变化，就必须达到每秒40万比特的速度。这让我们明白大脑边缘系统在区别悔恨与蔑视、愉悦与恐怖、愤怒与钦佩等情绪时，必须搭接多么庞杂的感官管道。

轰动的成功

大脑新皮质不发达的一些动物仍然具有情感，如狗、猫、负鼠。世界上最有趣的无认知功能的哺乳动物——人类的婴儿也一样具有情感。婴儿很早就是察觉和表达情感的大师了，这或许可以解释为什么他们天生就对别人的面部着迷。如果你想吸引婴儿的注意，一张富有表情的脸比其他任何东西都有用得多。婴儿对脸有天生的喜好：他们看别人的脸，凝视别人的脸，盯住别人的脸，瞪着别人的脸。但是，他们到底在看什么呢？

现在，科学家终于知道了婴儿是在观看别人脸上的表情。为了研究是什么吸引了婴儿的注意力，科学家依赖对凝视时间长短的测量来得到答案，因为婴儿看新奇事物的时间要比看熟悉事物的时间更长一些。这种方法能够证明，只有几天大的婴儿就可以辨别表情了。

对于一个婴儿来说，知道母亲的情感状态有什么重要意义呢？一种称为"视觉悬崖"的情景也许能够解答这个问题。把一个婴儿放在桌面上，桌面的一半是不透明实体，另一半则是透明的树脂玻璃。从婴儿的角度来看，当他爬到透明树脂玻璃部分的时候，他就好比到了深渊的边缘，随时都有掉下去的危险。透明树脂玻璃虽然在实质上能提供支撑，却是看不见的。因此，这个视觉上的悬崖对于婴儿来说就成为一个模糊不清的威胁。婴儿对透明树脂玻璃一无所知，所以他感觉他会掉下去，但它的表面摸起来又很结实，他也无法确定。他该如何弄清楚这件事呢？

一般的婴儿会爬到悬崖的边缘，看一眼那可能存在的深渊，然后看一眼他的母亲——通过解读她的表情来对深渊的危险性作出他自己的评估。如果她表现得很冷静，他就会继续向前爬；但如果他从母亲的脸上看到很惊慌的表情，他就会停止爬行并开始哭泣。不管母亲是否意识到，她们都会用世界通用的情感符号来教导自己的孩子认识世界。因为情感的表现是与生俱来的，它们不仅能跨越文化和种族的鸿沟，同样也能跨越母亲和孩子之间成长的代沟。在婴儿掌握语言技巧之前，情感就已经在多年前赋予他和母亲一门通用的语言了，那就是大脑新皮质的符号系统。

婴儿并不只是在碰到不确定的威胁的情况时才会观察母亲的表情，他们会连续不断地密切注视母亲的表情。如果母亲的表情冷淡呆板，她的宝宝就会很不高兴，然后很快开始哭。婴儿对表情的要求到底有多高呢？假设有一架双摄影机设备能让母亲与婴儿看到彼此，但并不面对面，两人只能在各自的显示器里看到另一方。如果是实时传播，母亲与婴儿则会相互对视、微笑、逗乐，而且都很高兴。如果婴儿在显示器上看到的是母亲面部的录像而不是即时影像传播，他很快就会感到心烦意乱。他所需要的不只是母亲的微笑，而是和母亲的同步反应——他们相互都有回应的互动交流。一旦显示器恢复播放母亲面部的即时影像，他就又会很开心了。影像播放若有延迟，婴儿就会再度感到慌乱。

婴儿能够察觉情感反应中细微而短暂的变化。如此细腻的感知能力水平就出自这个在往后六个月当中都还无法自行站立的生物体。为什么这样一个几乎没有什么技能的生物体能够如此专注于其他生物体皮肤下的肌肉收缩呢？

答案就在大脑边缘系统的进化史中。动物具有高度发展的神经系统是为了处理特定信息的需求。例如，蝙蝠的声呐系统能够帮助它们在漆黑的夜晚里捕捉小昆虫，凭借刺耳的高频率的回音，蝙蝠能够看见我们看不见的世界；鳗鱼所拥有的复杂细胞结构能够精确地测绘出附近电磁场的干扰电波，通过感知其他鱼类身上肌肉所释放的电流形态，鳗鱼能够辨别其他种类的鱼，也包括它的猎物。

大脑边缘系统是另一种能够侦测并分析部分自然世界的精妙生理仪——它主要侦测其他哺乳动物的内在状态。情感是拥有大脑边缘系统的动物的社会感知器官。视觉让我们能够体验电磁辐射的反射波长，听觉能让我们了解周围空气中的压力波，而情感能让哺乳动物感知它身旁哺乳动物的内在状态以及行为动机。

爬行动物脑能够通过解读世界并改变内在的生理机能来应对

环境变化，它包含情感的萌芽。对哺乳类动物而言，情感活动已经一跃达到一个更为复杂的阶段。一只年幼的小鳄鱼能够察觉躲在树叶背后的捕食者，并能调动它的生理机制来避开威胁。但哺乳类动物不但能够用其先进的神经感测器来检测无生命的物体，而且能检测其他有情感反应的动物。哺乳动物能够感知其他哺乳动物的内在状态并调整自己的生理机制来应对周围形势——对方也会感知这种改变并做出调整。爬行类动物的神经反应是一个原始的、细小的情感音符，而哺乳动物的神经反应则是一个声音洪亮的二重唱，是两个感受敏锐、变化灵活的大脑之间的相互交流。

哺乳类动物在其卓越的新脑里开发出了一种我们称之为*边缘共振*的能力，也就是两个哺乳动物之间通过互相交流以及内在适应而使得相互的内在状态趋于协调。正是边缘共振，使得注视具有情感反应动物的脸变成多层次的体验。我们注视别人的眼睛时所看到的并不只是两个有斑点的圆形物体，而是通往大脑边缘系统的视觉入口，我们的感觉会成倍增加，就如同两面相对的镜子会产生无限多的闪烁跳跃的映像。尽管距离相隔数码，但眼神交流并不是一个比喻的说法。当我们和别人的目光交会时，彼此的神经系统真的会明显且亲密地互相交会。

人们对边缘共振的神经协调如此熟悉，并对此觉得如此理所当然，以至于人们发现缺少边缘共振会令人非常不安。仔细观察一只鲨鱼或是一只正在晒日光浴的火蜥蜴的眼睛，你不会得到任何的回应和认知的闪现，什么都没有。这种空洞的眼神会让哺乳动物感到后背发凉。神话故事中能够以目光杀人的怪物所展现出的边缘前状态绝非杜撰——它就是蛇发女妖梅杜莎，外形像蜥蜴，由蟾蜍或蛇从鸡蛋里孵出的蛇怪。这些故事里的怪物都取材于一般的爬行类动物，但它们的眼神所流露出的东西则是在哺乳动物眼里早就见到过的：冰冷而深邃，对令人激动的边缘情感毫无反应。

对于能够跨越不同大脑之间鸿沟的动物而言，边缘共振是通往相互沟通的大门。边缘共振让我们不需说话即可融洽地相处，例如母亲与婴儿、男孩与狗以及在餐桌上双手互握的情侣，这种景象随处可见，我们因此视之为理所当然。这种不同心智之间无声的共鸣完全是我们生活中的一部分，就像肾脏或肝脏总是无息地运转着，边缘共振也是这样平稳且持续不断地在不知不觉中起作用。

由于边缘状态可以在不同心灵之间跳跃，因此情感具有传染性，但思想没有。如果有人想出一个绝妙的主意，在附近的其他人无法自动产生相同的看法，这一点也不令人惊讶。但我们周围人的边缘系统活动却能马上让我们产生相同的感受。这就是为什么在电影院里与一群入戏的影迷共同观赏的电影会让人激动振奋，但在家中的客厅里观赏的录影带却令人失望。这并不是荧幕大小或者音响的问题（这是缺乏想象力的家电厂商的观点），而是观众使得故事的魔力释放了出来，这是一种基本的、共通的、倍增的奇迹。同一个边缘系统刺激物将一波波的情感在人群里散播开来，使得散乱的个人成为统一的、惊慌失措的群体或是充满仇恨的乌合之众。

我们天生就具有读心的能力，但需要借助科学来重拾对此的信心，这真是太奇怪，也太具有讽刺意味了。这项我们与生俱来的古老技能在今天却没有人相信。那些在生活中无法静下心来聆听的人可能一辈子都会忽略这一能力的存在。心理治疗师从其行医过程中获得了一些意外的额外收益，以下就是其中之一。心理治疗迫使医师与患者共同参与一种现代人已几乎完全忘记的行为：每次跟另一个人坐在一间屋子里达数小时之久，心中没有任何目的，只是同在。当你这样做的时候，你会感到另一个世界向你展开，并且在你的感官里变得活灵活现——而控制这个世界的力量在人类出现之前就已经存在了。

4

人际关系如何渗透人类的
身体、心理和灵魂

当罗密欧听到朱丽叶的死讯（其实是一个虚假的消息）时，他立即赶到她的陵墓要跟她死在一起。他是如此发狂地悲伤并抱定决心要实现葬礼上的团聚以至于他对自己信任的仆人鲍尔萨泽说，他认为他的仆人可能会试图阻止他：

要是你不相信我的话，胆敢回来窥伺我的行动，

那么，我可以对天发誓，

我要把你的骨骼一节一节扯下来，

让这饥饿的墓地上散满了你的肢体。

现在我的心境非常狂野，

比饿虎或是咆哮的怒海

都要凶猛无情，你可不要惹我性起。

爱在今天依旧强烈。罗密欧极度痛苦的哭泣听起来如此真切，因为它在吟游诗人凭着直觉知道的同一个情感架构中产生

共鸣。令人心痛的损失和强烈渴望与爱人团聚的本质是什么呢？是什么让激情变得凶猛和不可阻挡呢？我们的文化已经忘记了在令人费解的讲座和教学录像带背后的原始知识。人际关系就似天气——大家每天谈论它们，但谁知道该做什么呢？

亲密关系、友好关系、忠诚和抚养已经如此彻底地融入我们的生活，以至于我们倾向于假定它们在整个动物王国无处不在。但大多数的动物并不知道这些内在动因。嗜食同类——特别是父母吞食后代摄取营养——让人类厌恶，但是对许多物种来说，后代子孙和美味佳肴之间的界限模糊不清。一个养孔雀鱼的朋友放弃了它们，因为她意识到她必须将孔雀鱼幼仔隔离开以防止它们全部被父母吞食。宠物店的经理告诉她，这种不分青红皂白、吞食一切的饮食习惯对于成年孔雀鱼来说是正常的。"在我的家里就不正常，它们不能这样。"她冷峻地回答道，并将鱼倒进了厕所。如果它们能够到达大海，它们仍然可能嗜食同类。我们在上一章里遇到的小鳄鱼有充足的理由保持警惕：十分之九的鳄鱼幼仔在它们的第一个生日前就葬身于捕食者的腹中；在大多数情况下，猎食者就是成年鳄鱼。考虑到狼吞虎咽地吞食一个更小的生物是多么原始的冲动，那么对弱小和脆弱的生命表现出温柔、照顾和关心的情感对我们来说就应该是奇迹了。这些情感是边缘禀赋，哺乳动物在情感纽带断裂时爆发的愤怒和眼泪也是边缘禀赋。那个神奇的纽带是用什么做成的呢？对于像我们这样的社会动物而言，这个问题决定了我们的生活。

寻找紧密联系的纽带

奥地利医生和诺贝尔奖获得者康拉德·洛伦茨（Konrad Lorenz）因为受到一本少儿读物的影响而发起了关于亲密关系的科学研究。洛伦茨的父母"对他对动物过分热爱的行为很宽容"。他在德国阿尔腾堡长大，他家有一所大房子，他在那里饲养了昆虫、鱼类、爬行动物、狗、猴子。但是，洛伦茨在读了《尼尔斯骑鹅旅行记》后，他的鸟类宠物就成了他一生的爱，那本书记述了一个淘气的男孩加入一群迁徙的野鹅的历险故事。"从那时起，我就渴望成为一只鹅，当意识到这不可能时，我就拼命地想要一只鹅。"洛伦茨写道。他在后院对水鸟进行细致的观察，这使他确信它们的许多行为包括母亲与后代的关系都是本能的。洛伦茨最著名的研究是关于雏鸭和幼鹅的，它们在母亲休息时在它身边挤成一团，而当母亲移动时，它们会在它身后爬行。

小鸭子紧紧地跟随在母亲的身后，对任何熟悉幼儿园启蒙读物的人来说都是很熟悉的场景。但是，洛伦茨想知道，它们怎么知道跟谁呢？作为一个小男孩，他很希望看到刚孵化的小动物跟着他而不是它们的母亲。作为一个科学家，洛伦茨发现小鸭子会尾随任何东西——不管这个母亲多么不合情理——只要它们在生命早期看到这个东西在移动。

洛伦茨意识到当幼鹅在野外跟随母鹅时，它们这么做并不是因为它们认识到父母会带领它们找到食物和远离危险。相反，进化使幼鹅具有天生的神经规则（"跟随那个"），并且该命令适用于任何满足母亲身份大概标准的对象（"在生命早期看到"＋"移动"）。刚孵出的鸟通常看到的第一个实体就是它的母亲，但是在认定它之前，鸟的神经系统操作程序只能检测到少数几个相关特征，并且神经系统可以被欺骗。洛伦茨用"印刻"（动物生命早期即起作用的一种学习机能）这个词来表示鸟类和哺乳动物锁定早期物体的倾向。在后来完成的研究中，羊羔被诱导与电视机形成了情感纽带关系，豚鼠与积木块、猴子与弯曲成猴妈妈身形大致相同的柱状线缸形成了情感纽带关系。

印刻是一种基本的神经系统涉足亲密关系的表现，其刻板性在很大程度上取决于这些神经回路的原始性质。人际关系具有相同的特性。即使灵长类动物的依恋装置比幼鹅的更灵活，但其灵活性也远远低于人们的期望值。

弗雷德里克二世，13世纪意大利南部国王和神圣罗马帝国皇帝，无意中进行了人类感情纽带的第一项实验研究。这个皇帝会说好几种语言，他想通过在无声世界中长大的孩子说什么语言这一实验确定人类天生的语言。方济会修士萨尔提本尼·德·帕尔马（Saltimbene de Parma）记录了这个实验的过程，他写道，弗雷德里克"招募养母和护士给孩子哺乳、沐浴和洗澡，但是绝不允许跟他们咿咿呀呀或与他们说话，以此知道他们到底会说哪种语言：希伯来语、希腊语、拉丁语、阿拉伯语，还是他们父母的语言"。但是，帕尔马写道，弗雷德里克的实验还没有产生任何语言结果就终止了——所有婴儿连一个单词都没有说出来就死了。皇帝偶然发现了一些值得注意的现象，那就是"如果孩子没有父母轻轻的爱抚、温柔的语言和表情的互动就活不下去"[1]。

800年之后，20世纪40年代，精神分析学家雷内·施皮茨（Rene Spitz）报告说，弗雷德里克实验中婴儿的命运还在重演。施皮茨描述了寄养在福利院和孤儿院中孩子的命运，以及那些因为母亲在监狱中服刑而与母亲分离的婴儿的命运。鉴于最新的微生物疾病理论研究结果，慈善机构为这些孤儿们提供饮食和衣物，让他们吃得饱、穿得暖。但是，不与他们玩耍，不触摸也不拥抱他们。人们认为，这样可以防止因接触而使那些孤儿暴露于传染性疾病中。

施皮茨发现，孩子们的生理需求虽然得到了满足，但是他们不可避免地变得孤僻和多病，并且体重减轻，甚至很多婴儿死了。这是一个致命的讽刺，事实表明这些婴儿极其容易感染那些人们试图通过隔离防范的疾病。例如，40%感染麻疹的儿童死于病毒，而同一时间里慈善机构外面的社区麻疹死亡率只有0.5%。施皮茨写道："最坏的罪犯是装备最好的和最卫生的慈善机构。"在接近21世纪的世纪之交时，所谓无菌婴儿室的死亡率通常高于75%，并且至少在一个案例中，死亡率接近100%。施皮茨再次发现，缺乏人际互动——触摸、温声细语、抚摸、耳语和嬉戏玩耍——对婴儿来说是致命的。

---

1 弗雷德里克不可能对实验的结果很满意。他不是一个可以任意被摆弄的人——萨尔提本尼记录他曾经因为公证人拼错他的名字而切断了公证人的拇指。——译者注

为什么互动——"手势和喜悦的表情"——应该与食物和水并列成为生理需求呢？英国精神分析学家约翰·鲍比（John Bowlby）在20世纪50年代走进这一研究领域。天生的叛逆者鲍比在还没有完成他的精神分析训练前就对他的母教发动了一场革命。他创造性地融合了弗洛伊德超心理学和洛伦茨的动物行为学，创造了*依恋理论*，这个模式发现人类和动物的纽带行为之间存在许多相似之处。鲍比认为，人类婴儿天生具有一个大脑系统，可以通过与他们的母亲建立本能行为纽带联系来提升安全感。当母亲不在时，这种纽带联系产生痛苦；当孩子受惊吓或处于痛苦中时，这种纽带联系成为两者彼此寻求对方的动力。同样的行为模式也出现在其他年幼的哺乳动物身上，当危险迫近时，它们也会哭泣，紧紧依附和寻找它们的母亲。

当时，鲍比的思想被认为是可耻的造谣中伤。弗洛伊德学派将母婴之间的纽带联系视为"爱的橱柜"：婴儿重视他的母亲，因为她满足他的本我需要，例如她喂养他满足了他的生理需要。鲍比的生物纽带联结系统及其对本我的侵犯激怒了精神分析学家。他们轮番地谴责他天真幼稚和亵渎圣名。在鲍比发表了他的关键论文《孩子与他母亲的纽带关系的本质》（The Nature of the Child's Tie to His Mother）后，安娜·弗洛伊德（Anna Freud）用冷漠而威严的语气指责他："我们不处理诸如此类外在世界的事件，只处理它们对内在心灵的影响。"这些都是唇枪舌剑。指责精神分析家现实主义是言语湮灭，就像将作曲家称为音盲或指责外科医生笨手笨脚一样可笑。从英国儿科医生转向心理分析师，时任英国精神分析学会主席唐纳德·温尼科特（Donald Winnicott）写道，鲍比的理论给他"一种厌恶感"。甚至鲍比自己的治疗师琼·里维埃（Joan Riviere），在为此目的召开的一次精神分析会议上也站起来谴责他。

在鲍比的时代，几乎所有的美国精神分析学家都是精神病医生，反之亦然。就在施皮茨和鲍比与一个行业的正统观念做斗争时，他们在美国的心理学家同行也因为一个不同但同样有局限性的思想体系而深感负担沉重。心理学，作为行为科学的非医学分支，在行为主义的严苛规则下运行了几十年。母婴关系的心理学模式带有那个正在凋零的行为主义王朝的印记。奖励和惩罚，这两种基本手段，教会鸽子啄杠杆、老鼠跑迷宫，被借用来指代塑造人类关系的万能工具。行为主义学者建议父母对待孩子要像对待实验室里不守规矩的动物一样。禁止安慰哭泣的婴儿，他们教导说，关心孩子的痛苦只会增强和鼓励孩子有害的抱怨。"母爱是一种危险的工具。"著名的行为主义学者约翰·华生（John Watson）警告说，父母的感情通常会将健康的孩子变成可鄙的情感残障人。"绝不拥抱和亲吻他们，"他建议家长，"不要让他们坐在你的怀抱里。如果你一定要做，可以在他们道晚安时亲一下他们的额头。"

20世纪50年代，哈利·哈洛（Harry Harlow）的著名研究同时对弗洛伊德学说和巴甫洛夫的母婴关系模式造成严重冲击。在一项很多大学教科书都收录的实验里，哈洛为年幼的猴子提供了两个代理母亲：一个装有奶瓶的金属丝网筒和一个没有奶瓶的绒布猴。多次研究表明，年幼的猴子只在吃奶时才到"金属丝母亲"那里，而它们把毛茸茸的绒布猴当作妈妈：它们紧紧抱住它，拥抱它，受到惊吓时躲在它身后。奶，不管是巩固某种行为的奖励还是满足本我需要的灵丹妙药，都没能成功地建立任何纽带联系。在一次接一次的试验中，绒布猴做得越像母猴，小猴子就越依恋它。

只有鲍比的依恋理论符合事实，它认为亲近母亲本身是一种先天的需求。在他看来，婴儿出生时几乎没有运动技能，所以，当他的母亲离开时，他可以通过哭泣让她留在身边—— 一种基因传承的呐喊能使一个正常的母亲寻找到他。随着婴儿肌肉协调功能的发展，依恋行为变得更加复杂：孩子伸手、抓、招手、爬行或大声叫嚷，都是为了让母亲靠近。依恋行为在早期阶段还很笨拙并且时断时续，像大多数行为一样，但随着时间的推移，它们成为儿童和母亲之间流畅互动的一部分。孩子首先用一种非特异性的"咩咩"叫声表达他们与分离相关的烦恼，然后用直截了当的沟通方式表示（"我想让你握住我的手了。"）。但是，即使哭泣也不像一般人所想象的那样普遍：婴儿的饥饿哭声具有独特的声音信号。当母亲在婴儿哭泣时伸手去拿奶瓶而不是尿布时，她能根据哭声准确地猜到孩子需要什么。

某些特定条件会引起孩子想待在父母身边的强烈欲望：陌生的

地方、人或事物；恐惧、疼痛、寒冷、疾病和被迫的分离。成年人显示出相同的模式，尽管我们很少能识别出它。但是，恐惧能够增强纽带联系，这就是高中生情侣一起观看恐怖电影的原因。相同的生物反应机制将遭受同样痛苦经历的人联结在一起，例如在战争时期或灾难中。新兵训练营的设计者、大学兄弟会和女大学生联谊会的发起者，虽然是为了不同的目标，但都是利用相同的方法在不同的陌生人之间建立联系，使他们凝聚在一起。

孩子长大后显示出越来越少的外显依恋行为。在百货商店里，8岁的孩子比4岁的孩子更不太可能握住妈妈的手，而14岁的孩子可能在任何情况下都不愿意握住父母的手。但是，潜在的纽带联系持续存在。依恋关系可以蓬勃发展但没有明显的外在迹象，直到破坏性事件使它表现出来。人们在出发和到达时相互拥抱，因为这种行为太熟悉，我们可能会认为这只不过是一个习惯而已。但这种风格的拥抱包含了无声的依恋证据：被迫分离，或分离的兆头本能地让人想重建肌肤接触。

易受影响的年龄

精神病学家的"生命早期的关键事件决定着个性"这个声明广为人知。有些怀疑论者对这种说法持怀疑态度，但人类依恋关系的研究已经证明这种说法是正确的。

20多年前，发展心理学家玛丽·安斯沃斯（Mary Ainsworth）调查母亲和她们的新生儿，并发现婴儿有什么样的母亲预示了他今后生活中的情感特征。她首先观察母亲如何照顾婴儿，并把照顾方式分为三类。一年之后，安斯沃斯通过观察孩子对短暂分离的反应来测试他们的情感状态。对婴儿一直关注、响应和温柔的母亲抚养出的孩子有安全感，这些孩子将自己母亲作为探索这个世界的安全避风港。当母亲离开他时，他沮丧难受、心烦意乱；当母亲回来时，他感到放心和快乐。冷酷的、充满愤懑的、严格的母亲带出没有安全感和回避型的孩子。他对母亲的离开表示出冷漠；在她回来时经常刻意地忽略她，转身背对着她或者爬向角落里那些看起来突然令他着迷的玩具。母亲注意力分散或情绪不稳定，婴儿会成为一个没有安全感和有矛盾心理的小孩，他们在一起时，他会紧紧抓住他的母亲；当两个人分开时，他哀嚎和尖叫，并且在他们团聚之后仍然极为伤心。

随着孩子的不断成长，母亲的育儿能力预示越来越多的已具雏形的人格特质。母亲对婴儿需求的回应迅速而积极，婴儿会发展成为快乐、社交能力强、适应力强、顽强、可爱和善解人意的小学生。他们有更多的朋友，对亲密关系很放松，自己能解决的问题自己解决，需要帮助的时候他们就寻求帮助。冷漠的母亲养育的婴儿长大后会成为冷淡的、难以接近的孩子，他们对权威充满敌意、躲避相聚，而且不会寻求安慰，尤其是他们受伤时。他们通常都很可恶，好像善于激怒孩子或让他们难过。变幻莫测的母亲的后代彻底变成了不善应酬、胆小、过度敏感和缺乏信心的孩子。他们渴望关注而且容易沮丧，即使是本应在他们的能力范围内的简单任务，他们也经常请求援助。

安斯沃斯开启的较小规模的研究已经发展成为大规模的细致调查。长期观测资料仍然源源不断。儿童从婴儿时期一直被跟踪观察到青少年时期。依恋安全感仍然是人生成功的一个强大保障。有依恋安全感的孩子在高中阶段，在自尊心和受欢迎程度方面有相当大的优势；而缺乏依恋安全感的孩子极容易落入青春期陷阱——青少年犯罪、毒品、早孕、艾滋病。在出生后几乎20年里，孩子的学习成就、社交和个性变化都与凝视着摇篮里的孩子的母亲息息相关。

安斯沃斯（和许多紧随其后的研究人员）证明母亲与她的婴儿所做的事情非常重要。母亲以持久的和可衡量的方式塑造自己的孩子，赋予他们一些在一生中将拥有和依赖、对他们有益或有害的情感属性。这项研究的结果符合常识。如果抚养孩子需要什么天赋或技能，如果假设父母养育子女比本能反应更复杂，那么毫无疑问有些人更擅长于培养情感健康的孩子。从依恋的研究中，我们可以了解到哪些父母可以做到这一点及他们如何能够做到这一点。

安斯沃斯发现，母亲花费在照顾孩子上的时间长度和孩子最终的情感健康之间不存在简单的相关性。有依恋安全感的孩子不一定是最频繁地被母亲抱到怀里或最长时间被母亲抱着的婴儿；相反，安斯沃斯观察到，当孩子想要拥抱时他被拥抱了而当他想要放下时他被放下了，这时依恋安全感就产生了。他饿了时，他的母亲知道了并且喂饱了他；他开始疲倦时，他的母亲感觉到了并把他放进摇篮照顾他轻松地入睡。无论什么时候母亲觉察到婴儿未表达出来的欲望并对它们采取行动，不仅母子之间相互享受的乐趣最大，而且多年后会成就一个有安全感的孩子。

母亲凭借什么神奇的魔力知道什么时候靠近婴儿、什么时候不管他、什么时候婴儿需要她温暖的拥抱以及什么时候婴儿需要独处的空间？边缘共振给她心灵感应的方式。母亲可以通过看婴儿的眼睛，感应他的内心状态，凭直觉可靠地知道她的孩子的感受和需求。经常应用这种知识可以改变孩子的情感构造。这个过程的精确细节现在正在逐渐为众人所知，因为产生相互关系的神经系统泄露了它们的一些秘密。鲍比认为，依恋的目的是为一个婴儿建立人身安全，他的无助需要一个随时的保护者。他的想法在当时很大胆，但人际关系的范围远远超出他的想象。对相互关系的生理学研究现在告诉我们，依恋渗透到了做一个人意味着有什么样的神经核心。

爱的剖析

哀伤令人震惊

把一只小狗从它的母亲身边夺走，把它单独放在一个柳条筐里，然后你将见证到哺乳动物对依恋纽带断裂的普遍反应——哺乳动物共享的边缘结构反应。短暂分离引起小狗的急性反应，被称为*抗议*，而长时间的分离则让小狗表现出绝望的生理状态。

孤独的小狗首先进入抗议阶段。它不知疲倦地踱步，从所有的有利位置观测周围环境，吠叫、徒劳无益地在地上抓刨。它精力充沛而又徒劳地努力尝试打击囚禁它的墙壁，每次的失败情绪都累积了起来。它发出可怜的哀鸣，声音尖锐刺耳；它行为的每个方面都在传播它的痛苦。当所有群居的哺乳动物失去了它们所依恋的对象后，都会显示出同样的不安，甚至年幼的老鼠也被证明会抗议：当母亲不在身边时，它们不停地发出超声波叫声，奏出我们迟钝而愚笨的耳朵听不见的哀伤曲。

成年人表现出的抗议反应跟其他哺乳动物的反应差不多。任何一个在迷恋中被抛弃的人（即几乎每个人）都亲身经历了抗议阶段——不可避免的内心不安，强烈的冲动想联系那个人（"只是想说话"），经常看错，到处都能瞥见那个消失的身影（过度警惕地扫视和盲目希望的结合体），这些都是抗议的一部分。重新建立联系的欲望异常强烈，人们经常无法抗拒这种欲望，即使他们知道那个人并不希望与他们有任何关系。人类用冗长的信件、疯狂的电话、重复的电子邮件、电话应答机留言来搜寻和呼唤，只是想听到另一个人的声音。被拒绝的情人写成的饱含痛苦的信就如同幼鼠持续哀叫的升级版，以及同一首歌的降调版。

增多		上升	
肌内活动		心率	
嘶喊		体温	
行为举止		儿茶酚胺合成	
寻找		皮质醇合成	

抗议阶段的行为与生理机（摘自霍弗，1987）

哺乳动物在抗议时表现出明显的生理特点：心率和体温增加，儿茶酚胺和皮质醇的水平也上升了。儿茶酚胺（例如肾上腺素）提高警觉性和活动性。失去母亲的年幼哺乳动物应该会足够长时间地保持警觉，并渴望找到母亲；抗议时儿茶酚胺水平的上升可以提升它的警觉性。古老依恋机制的这一部分也可以让一个人在分手后整夜地盯着天花板。皮质醇是身体的主要应激激素，其在分离的哺乳动物身上急剧上升告诉我们，关系破裂是一种严重的身体伤害。仅仅30分钟的隔离，一些哺乳动物的皮质醇水平就上升了6倍。

心中的不满

孤独的小狗的抗议阶段不会永远持续下去。让它与母亲团聚后，抗议就终止了。如果分离延长，哺乳动物进入第二阶段：绝望。像抗议一样，绝望是一种连贯的生理状态—— 一组哺乳动物常见的行为倾向和身体反应。绝望从焦躁的崩溃开始进入死气沉沉的状态：动物停止来回走动，停止呜咽，它沮丧地蜷缩成一团。它喝得很少，会对食物没有兴趣。如果有同伴或玩伴被带到围栏里，它可能用模糊的眼神凝视它，然后转身离开。它会出现颓废沮丧的姿势和悲哀的面部表情。情感表达的普遍性让我们知道，绝望中的哺乳动物看上去挺悲惨的。

　　绝望阶段的生理状态是因为身体节奏遭到广泛破坏而造成的。心率会很低，而且在心电图上我们会发现异常的锯齿状的节拍插入常规的标志着健康心脏节奏的细长尖峰行列。睡眠会显著改变：很轻，做梦少或快速眼动睡眠和更多的自发地夜间醒来。根据一天的明暗周期来调整生理参数起落的生物周期节律也会发生改变。血液中生长激素的水平会直线下降，甚至免疫调节也会因为长期的分离经历重大变化。

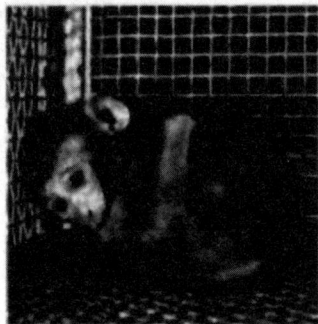

一只孤独的猕猴［引自《卡普兰和萨多克的精神病学概要》，第八版。经利平科特（Lippincott），威廉姆斯（Williams）和威尔金斯（Wilkins）许可转载。］

　　任何一个痛失亲人的人都知道内心深处的绝望：身体沉重迟钝，除了逝去的人对所有一切都漠不关心，没有食欲，有想把自己关起来的强烈冲动，无法入睡，灰色的世界冷酷无情。悲伤可以让我们比较深刻地理解重性抑郁症是怎么回事。绝望和抑郁是近亲，而且够近，所以实验动物的绝望经常被用来作为人类忧郁疾病的模型。我们称之为人类重性抑郁症的疾病状态可能是绝望反应的扭曲变体。但是，神经系统在失去亲人时的应急反应如何，以及为什么会在没有通常的触发器——亲人的死亡时，在大脑内部释放出来，仍然未知。

长时间的分离影响的不只是情感。大量的身体参数在绝望中都会出现紊乱。因为分离扰乱身体机能，失去社会关系可能导致身体疾病。生长激素水平在绝望中骤然下降——这就是为什么被剥夺了爱的儿童停止生长，无论他们摄入多少热量，体重仍然减轻，并且体形逐渐缩小。较长时间被关在医院里的孩子过去经常陆陆续续地表现出这种综合症状。雷内·施皮茨将他们的苦难称为"长期住院生活对儿童身心的不良影响"，这一术语被今天仍在使用的礼貌同义用语"发育迟缓"所代替。一旦医生们意识到社会关系损失会造成身体伤害时，他们只需要允许孩子们更多地接触他们的父母，就能增加这些孩子的生存机会。

不只是儿童的身体会对错综复杂的损失作出反应：在遭受长期分离的成人中，心血管功能、激素水平和免疫过程也会受到干扰。因此，医疗疾病或死亡通常伴随着婚姻的结束或配偶的丧失。例如，一项研究发现，社会隔离使心脏病发作后的死亡率增至3倍。另一项研究发现，进行团体心理治疗使患有乳腺癌的妇女的术后存活期增加了一倍。第三项研究指出，具有强大社会支持的白血病患者的两年存活率是那些没有强大社会支持的白血病患者的两倍以上。迪恩·欧尼斯（Dean Ornish）在他的《爱与

下降	
肌肉活动	嘶喊
社会化	食物/水摄入量
玩耍	行为举止
上升	没精打采的姿势
身体蜷缩	悲伤的面部表情

下降	
心率	氧消耗量
体温和体重	快速眼动睡眠
生长激素	细胞免疫
上升	
睡眠警醒	不规则心跳

绝望阶段的行为与生理机能（摘自霍弗，1987）

生存》（*Love and Surviral*）著作中考查了关于隔离和人类死亡率之间关系的医学文献。他得出结论：许多研究表明，孤独的人过早死于各种原因的概率大大增加——他们早死的概率是那些同关爱自己的配偶、家庭或社区有密切联系的人的3~5倍。

有了这样的结果支持哺乳类动物群聚的医疗功效，你可能会认为像乳腺癌手术之后的团体心理治疗这样的疗法现在是标准化治疗。再猜一次。友好关系不是药物或手术，因此西医对它视而不见。我们的医生不是无知；相反，大多数医生读过这些研究并且勉强从理智上接受它们。但是，他们不相信，他们不能说服自己将治疗方案建立在像依恋关系这样的传闻上。现行的医学范式没有能力承认建立关系是生理过程，它同任何药物治疗或外科手术治疗一样，是真实而有效的。

隐形的说客

科学是一种内在矛盾——系统的奇迹——应用于自然世界。在其世俗模式中，传统理念获胜，结果，一篇篇排版精致的论文艰难地一步一步地推动知识的进步。伟大的科学巨匠参与那种科学的日常工作，也可以暂停它，忠于内心纯粹的热爱，让精神引擎自由旋转。然后，爱因斯坦想象自己骑着光束，凯库勒（Kekule）在梦里构想出苯的结构，还有弗莱明（Fleming）的眼睛穿过他的玻璃器皿上恼人的霉菌看到它周围清晰的环形——一个有细菌就不透明的盘中的清晰的环——青霉素诞生了。谁知道有多少科学革命因为它们潜在的开创者忽视了实验室内部异想天开的、偶然的、不合时宜的事件，而这些事件又被错过了呢？

1968年，迈伦·霍弗（Myron Hofer）（精神病学教授和哥伦比亚大学发展心理生理学部主任）正在研究大脑对心率的控制时，一个事故发生了。一天早上，他来工作时，发现一只热爱自由的母鼠咬破了它的笼子，连夜逃走了。霍弗碰巧注意到被它遗弃的一窝幼鼠显示出心率不到正常值的一半。他猜测幼鼠的心肌细胞因为没有母亲的温暖而变凉了，他决定对自己无根据的假设进行测试。他为孤独的幼鼠提供热源，模仿母鼠在场的状态。令他吃惊的是，幼崽的心脏在升温之后和升温之前一样，仍然是慢慢地跳动。不知何故，母鼠拥有非肉体热量不具有的调节机体体温的能力。

这个神秘的母性力量引起了霍弗的兴趣，他开始推测幼鼠孤儿神秘的生理机能。在一次又一次的实验中，他用失踪母亲的某一种感官特质来代替它：一块有它的气味的布；一盏辐射出它体温热量的灯；用刷子抚摸着幼崽的背部，模拟它给幼鼠梳毛——

霍弗刻意使用它们作为母鼠某一部分属性的替代品。霍弗发现，恢复一个单一的母亲属性可以预防一个绝望的生理体征，而对其他绝望的生理体征没有作用。母亲的体温和嗅觉提示影响它的婴儿的活动水平，而它的触觉刺激决定它的幼崽的生长激素水平。奶喂到幼崽的胃里稳定它的心率，而喂奶的周期则调节它的睡眠和觉醒的状态。

霍弗意识到，连接母鼠和幼崽的纽带至关重要、真实存在，而且纽带本身是由独立的绳索编织而成的，每根绳索都是身体独特的调节途径。母亲不断调整自己婴儿的生理机能。你可以打断它某方面的影响，并扰乱它的婴儿相应的生理参数。当母亲不在时，婴儿立即失去所有的组织渠道。像一个断了线的木偶，它的生理机能崩溃，绝望地缩成一团。

一旦与它们的依恋对象分离，哺乳动物的生理机能急速下降并进入混乱状态，这可以从外面观察到并从内部痛苦地感觉到。生理机能下降的速度不同——婴儿最依赖于外部支持，如果没有它，他们生理节律很快失调。年纪大的孩子的稳定性衰减得相对慢一些，许多成年人的稳定性衰减得更慢一些。无论什么年龄，最终的下滑是不可避免的。无论衰减速度如何，群居哺乳动物的生理机能都是不稳定的。霍弗对这一弱点的描述，为人类相互关系的新观点打开了一扇大门。

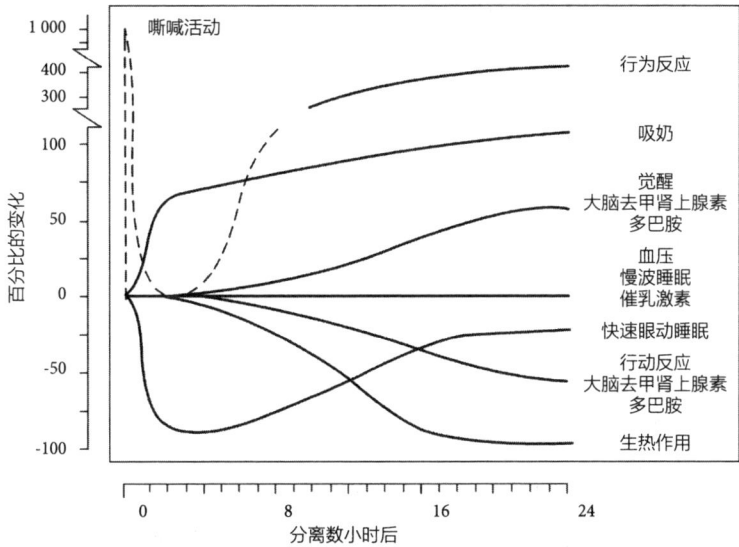

纵轴标注：百分比的变化

纵轴数值：1 000、400、300、100、50、0、-50、-100

图内标注：嘶喊活动、行为反应、吸奶、觉醒 大脑去甲肾上腺素 多巴胺、血压 慢波睡眠 催乳激素、快速眼动睡眠、行动反应 大脑去甲肾上腺素 多巴胺、生热作用

横轴标注：分离数小时后（0、8、16、24）

分离引起的生理机能混乱。［引自《依恋理论：社会的、发展的和临床的观点》，由戈尔德贝尔格（Goldberg），缪尔（Muir）和克尔（Kerr）编辑，1995年。经分析出版社许可转载。］

开 环

大多数人认为他们寄住的身体是自我调节的，即他们自身的生理平衡发生在一个闭环内。巡航控制系统是闭环的经典例子，汽车的内在系统检测速度并相应地调整油门。手动操作的汽车是开环二重组合的另一半——这里指汽车向前行驶的情况；一个绝对的外力（驾驶员）以风驰电掣的速度驾驶汽车，并用脚推踏板，使油门产生变化，从而让汽车的速度上升和下降。没有巡航控制的汽车不能主宰自己的命运，它不能独立保持任何理想的高于零的速度。

人体是开环还是闭环呢？我们拥有监测和修改我们的生理波动的类似巡航控制那样的内部系统吗？或者驾驶员座位上坐的是其他什么人？在某种程度上，两者都对。我们有些身体系统是自动调节的闭环，有些不是。例如，经常待在一起的女性会发现她们的月经周期自然同步。这种和谐的荷尔蒙交流表现出一种身体的联结，其性质是边缘的，因为亲密朋友比那些只是在同一个空间的人更容易实现同步。

　　一些科学家现在认为，像这样的身体机能的一致性反应不仅是正常的，而且对哺乳动物也是必需的。哺乳动物神经系统的神经生理稳定性取决于一个互动协调系统，其中稳定性来自与附近的依恋对象同步。抗议是对中断这些维持生命的调整的报警。如果中断持续，生理节律会发生紊乱并导致痛苦的绝望。进化使哺乳动物拥有一个闪闪发亮的管道，它们使用它来修补彼此的生理机能，在爱的共舞中调整和加强彼此的脆弱的神经节奏。

　　我们将这种相互同步的交流称为边缘调节。人体不断地微调成千上万的生理参数——心率和血压、体温、免疫功能、氧饱和度、血糖、激素、盐、离子、代谢物的水平。在闭环设计中，每个身体都会自我监控这些生理参数水平并进行自我调节，使这些孤立的系统保持连续的和谐与平衡。但是，因为人体生理（至少部分）是开环设置的，个人不能指挥自己所有的功能。第二个人传达调节信息，可以改变第一个人身体内部的激素水平、心血管功能、睡眠节奏、免疫功能以及更多的生理机能参数。互惠过程同时发生：正当第一个人调节第二个人的生理机能的时候，他自己也在被调节。分开时，两个人的功能都不完整；每个人都有开环，只有其他人才可以使之完整。他们共同创造一对稳定、和谐的生物体。两者都通过他们的大脑边缘系统连接提供的开放通道交换他们的互补的数据。

婴儿的生理机能是开口最大的开环：没有边缘调节，他的重要节奏崩溃，而且他会死——弗雷德里克二世和雷内·斯皮茨都证明了这一点。按目前的说法，婴儿将大多数生理调节任务外包给父母，并逐渐在几个月内将这些任务收回。婴儿早期接收到的父母提供的外部指令教导他们如何自己调节一些生理节律。例如，两个研究比较了跟一只普通泰迪熊睡觉的早产儿和跟一只有"呼吸"的熊睡觉的早产儿——有"呼吸"的熊就是一只连接到换气机并且以婴儿自身呼吸频率的节奏充气和放气的普通填充动物玩偶。跟有"呼吸"的熊睡觉的婴儿比那些跟静态泰迪熊睡觉的婴儿显示出更安静的睡眠和更有规律的呼吸。利用现代技术提供的来源于古老灵感的手段，有规律的叹气教会了早产儿稳定地呼吸。

当神经系统发育成熟时，婴儿收回一些调节功能并自主地发挥它们的功能。即使在经历了密集的父母教养后，孩子也从来没有过渡到完全自我调整生理机能的状态。成年人仍然是社会动物：他们仍然需要稳定的外部支持。这种开环设计意味着，在一些重要的方面，人们自己是不能稳定的——不是应该或者不应该，而是*不能*。这种状况令许多人感到不安，特别是在一个像美国这样的崇尚个性的社会里。完全自给自足原来是一场白日梦，它的气泡被大脑边缘系统锋利的边缘系统刺破。稳定意味着找到能调节你的人，并留在他们身边。

过早地将恒河猴从母亲身边带离或者让它长期缺乏母爱，它就会变得终身脆弱乃至绝望。这是因为边缘调节出了问题：因为内化的自我调节能力较弱，这样的哺乳动物在其外在稳定性来源脱离时会陡然陷入生理混乱。同样的原因，母亲情绪不稳定，孩子们也很黏人。因为孩子们不能吸收足够的闭环控制来调控他们的生理状态，所以他们需要黏在外部调控者附近以保持平衡。

这种生理机能的相互作用使相互依恋和共同生活成为人类生活的中心。我们本能地认为，健康的人类不会孤独。梭罗在谈到他著名的隐居瓦尔登湖的事情时说："我去森林，因为我想从容地生活，只面对生活的基本事实。"但他没有单独面对。他离最近的邻居只有一英里（1英里≈1.61千米）远，离康科德则有两英里。梭罗两者都非常依赖，而且经常和朋友们一起吃饭。在童话故事中，疾病产生隐士和住茅屋的卡辛斯基（Kaczynskis）[1]。边缘调节使得放逐成为人类可以想出的最严酷的惩罚。当罗密欧的朋友劳伦斯修士告诉他，他的死刑被减为无期的放逐时，罗密欧的心都快碎了：

---

1 希尔多·卡辛斯基，或泰德·卡钦斯基，16岁读哈佛的神童，曾经是伯克利大学数学系助理教授，蒙大拿州的隐士。他还有另外三重身份：2017年连环爆炸案的主谋、恐怖分子、反科技"斗士"。——译者注

你还说放逐不是死吗？

难道你没有配好的毒药、锋锐的刀子，

或者无论什么致命的利器，

而必须用"放逐"两个字把我杀害吗？放逐！

啊，神父！只有沉沦在地狱里的鬼魂才会用到这两个字，

伴着凄厉的呼号；你是一个教士，

一个替人忏罪的神父，

又是我的朋友，怎么忍心

用"放逐"这两个字来寸磔我呢？

（译文引自朱生豪译本《罗密欧与朱丽叶》——译者注）

局外人

边缘调节决定了所有年龄的社会哺乳动物的相互依赖性。但是，年轻哺乳动物特别需要它的指导：它们的神经系统不仅不成熟，而且也在不断成长和变化。边缘调节所调节的生理过程之一就是大脑本身的发育——而且这意味着依恋决定了儿童心理的最终性质。边缘接触对正常大脑发育的重要性在其缺失的毁灭性后果中显得最为突出。

抚养人类婴儿，但剥夺他的情感联系，他会死。但是，面对这种匮乏，幼猴比人类更坚强。在缺失母亲的情况下，饲养的猴

子经常可以存活，但是它们的神经系统却永久残废。

威斯康星州大学运动学系主任和教授，社会剥夺神经生物学领域的领军人物盖里·克雷默（Gary Kraemer）描述并调查了所谓的隔离综合征的影响。单独抚养的猴子无法与正常的猴子进行互惠的互动，它们不断地遭到正常猴子的拒绝。它们无法交配。如果单独饲养的雌性猴子接受人工授精，它们表现出显著的缺乏哺乳动物对待婴儿的态度：冷漠和忽视并夹杂着野蛮的攻击。隔离对成年猴子也有不可预知的恶性影响。当猴群的领导地位已经确定时，普通猴子通常会停止冲突，但是那些在隔离中长大的猴子常常会战斗到死，撕裂并肢解对手。自残是另一个孤独的后遗症：这些猴子咬自己的手臂，以头撞墙，并挖出自己的眼睛。社会环境甚至决定了吃饭喝水等基本行为的正常形成，而被隔离者通常长时间地暴饮暴食。

因为哺乳动物的神经系统不能自我组装，被隔离的猴子变得荒诞不经。哺乳动物大脑的许多子系统是没有预先设置的，正在成熟的哺乳动物需要边缘调节给予神经发育连贯性。没有这个外部引导，神经混乱随之而来：行为系统被构建出来，但相互交叉各部分之间不和谐。像上面说到的隔离者，在缺乏中心调控的状态中成长的哺乳动物是有缺陷的，也是不完整的。它们的大脑产生断裂行为，这些行为以错误的方式出现在错误的时间、错误的地方。例如，它们有攻击性，但不是那种可以调控的，只在挑战或捍卫一个地方的等级秩序时才突然变得凶猛。相反，它们表现出剧烈波动的不可预知的暴力倾向，不符合加入社会群体的条件。如果没有母亲在童年时期守护在身边，猴子长大后甚至不知道如何均衡地进食。

爱，或者缺少爱，都会永远改变年轻人的大脑。人们曾经认为，神经系统是按照DNA的指令发展成熟的，就像一个独自在房间里的人，有一组指令和一些折痕纸，就能折出一只纸鹤。但是我们现在知道的是，大多数神经系统（包括大脑边缘系统）需要接触至关重要的经验，以推动其健康成长。1981年，诺贝尔医学奖获得者大卫·休贝尔（David Hubel）和托斯坦·威塞尔（Torsten Wiesel）发现被蒙着一只眼睛饲养的小猫长大后其视觉脑区出现显著异常。这同样适用于指挥边缘共振和调节的神经系统：相关经验是脑的最终结构形成过程的必要部分。缺乏母亲的协调对于爬行动物来说算不上什么大事，但对哺乳动物复杂和脆弱的大脑边缘系统的损伤却是令人震惊的。

在与世隔绝的状态下抚养出来的猴子为研究人员提供了关于完全社会剥夺的神经效应的直接数据。人类婴儿几乎从未在这样极端的环境下生存下来过。为了评估细微联结紊乱的影响，一组研究人员设计了一种巧妙的方式，把健康的猴子变成糟糕的母亲。他们把母猴和婴儿放在不是总可以随时获取食物的环境中。有时，母猴可以很容易获得食物；有时，它必须努力找寻，找到足够的食物来养活自己和幼崽。这种环境的不可预测性影响了母猴的心理状态，分散了它作为母亲的注意力。

这种心烦意乱、担惊受怕的抚育幼崽的方式使得少年猴子情绪脆弱并且改变了它的神经化学结构。这样抚养长大的猴子表现出更严重的绝望和焦虑反应，而且它们大脑中控制这些情绪状态的神经递质系统也发生了变化。与还在隔离状态抚养长大的猴子所表现出的彻底伤害行为不同的是，这些缺陷是局部的和微弱的，母亲的存在可以掩盖它们——受损的小猴子在母亲身边似乎很正常。但是，把它从母亲身边分开以后，它表面上的稳定性就消失了——这是一种被称为*伪独立*的状态。

成年后，这些猴子生动地证明了边缘调节的持久力量：它们胆小、黏人、顺从，笨拙地与其他猴子建立联系。这些动物的大脑神经化学结构发生了永久性的改变。仅仅因为它们的母亲曾经生活在不稳定的状态之中，这些成年动物的神经递质如血清素和多巴胺水平发生了终身改变。这些猴子成年以后易于焦虑和抑郁，不善于社交，找不到依恋对象，它们表现出类似人类神经病患者所具有的多方面的痛苦。

尽管大脑边缘系统的调节非常重要，但不是所有的哺乳动物都是为了建立关系而活着或是为了活着而建立关系。大熊猫独自活动，它们笨重地移动身体，用力地咀嚼竹子，它们只是为了保存自己这个物种存在而必须交配时才聚到一起。甚至类人猿家族也有一个成员至少是半社会化的——猩猩。雄性猩猩无法相互忍受，不能和平共处。只有雌性猩猩和它的后代可以在相当长的时间里相互忍受。

我们如何理解这些看似随意的对哺乳动物生活组织原则的遗弃行为呢？进化的曲折路径提供了答案。当一种具有新技能的生物需要被孵化出来时，它们中有一些可能会及时发现，放弃它们来之不易的传承并恢复它们以前的生活是有利的。因此，这个世界出现了返回海洋的爬行动物，它们的鱼类祖先曾经努力地想从中逃脱。还有很久以前就放弃了天空的鸟类，它们的翅膀已经萎缩成对飞行无用的襟翼。在这群落后的生物中，有不合群的哺乳动物：毛茸茸的产奶的动物，它们的祖先聚在一起形成家庭，而它们却又回到了一种更为古老的孤独的生活方式之中。

爱的基石

当人们被情绪困扰——比如发生焦虑或抑郁，或季节性忧郁时——他们通常想利用科学方式精准地找出出错的神经递质，就像证人从一队犯罪嫌疑人中指认罪犯一样。是去甲肾上腺素分泌太多，是多巴胺分泌太少，还是雌激素不稳定呢？答案很容易令人失望：没有一个猜测是百分之百确定的，因为这个问题本身源于大脑。

要理解一个庞大、复杂的系统，在微观和宏观组件之间绘制直接的因果关系箭头是很危险的。哪只股票导致1929年的经济崩溃？哪个人导致了第一次世界大战的爆发？爱伦·坡的《乌鸦》中哪个词使整首诗弥漫着徘徊不去的忧郁气氛？神经科学家了解少数药物的即时化学效应，但用连接那些微小分子的点来描绘人类的行为、思想、情感和特质意味着追踪令人困惑且纷繁缠绕的生物化学事件。大脑密集的错综复杂的相互关系，如历史或艺术，不会屈服于抽象派还原主义者明晃晃的大刀。

"化学物质A造成人类特质B"这样的说法没有意义，尽管它们很有人气。大脑不是一个简单的机器，这里的控制杆释放喜悦，那里的滑轮引发恐慌。不过我们可以从神经化学中获得关于相互关系的有价值的信息。神经递质不是平等的，在指导边缘功能，包括爱时，有些神经递质比其他物质更重要。正在进行的研究涉及三种关键的化学物质：血清素（5-羟色胺）、鸦片剂和催产素。

著名的神经递质

20世纪50年代，医学科学偶然发现了抗抑郁药物，并且30年来，大多数医生都害怕开出足够的剂量以达到其功效。原因很简单：常规抗抑郁药是最简单的可以用于自杀的药物之一。在许多情况下，仅仅一周的药物剂量就是致命的，足以达到自杀的目的。1988年，礼来公司（Eli Lilly）推出了一种抗抑郁药，即使大量服用也不会致死，如释重负的医生开始疯狂地开处方。几个月后，礼来的药物成为世界上最广泛使用的抗抑郁药——百忧解，这个药物使血清素成为一个人人皆知的词语。

百忧解和其他血清素药物最初被用于治疗抑郁症，但是很快它们就被证明是多功能剂，具有许多无法预料的和有益的用途。随着成千上万的患者尝试这些药物，偶发的疗效积累起来。

焦虑、敌意、怯场、经前期综合征、路怒症、贪食、不自信、早泄——和焦躁不安的狗舔食它们前肢毛发的癖好——所有这些都可能通过修补大脑许多血清素回路中的一些回路来治疗。血清素剂的一个鲜为人知的性质是它们有时会减轻失去一段关系造成的疼痛。它不是对每个人都必然有效，但某些人确实可以从血清素制剂中获益，因为它们减轻了失去某人的心痛。

例如，我们知道的一个人被困在一段令人沮丧的关系中，只是因为她无法应对失去的痛苦。不管她的配偶给她造成多大的伤害，每次试图与他分开时，她的内心深处都会涌现出更大的痛苦。所以，她的内心还是经常倾向于跟一个不满意的男人住在一起。"我很想和他断绝关系，"她说，"我们的关系一直在继续，我一直在想：'这一次，结束了。'但永远也没有结束，我很想搬到其他地方去，只是为了远离他，因为这种关系持续得太久了——我不断地跟自己做斗争，我告诉自己：'离开，不要再和他联系。'但我没能做到，我做不到。"多年的治疗弄清楚了她的痛苦来源，却没有减少她的痛苦感受。但是，当她服用血清素药物时，她的悲伤略有改变，失去的伤痛少了一点。她做了她以前做不到的：离开她的情人，并没有无法忍受的痛苦。

结束一段关系的自由是一种馈赠，而不是与生俱来的权力。新兴的关于灵长类动物依恋关系的研究告诉我们，早期抚养可以在时间上向前延伸，以使成年人免受孤独所引起的破坏性的痛苦。作为一个社会，如果不关注我们自己年轻人的大脑边缘系统的需求，我们就有可能导致大量的年轻人因为怕失去一段关系而变得非常脆弱。血清素药剂将不仅仅是一种补救措施，以拽回那些在抑郁的深渊边缘徘徊的人，而且是一种已经定居在悬崖边缘的社会的生活方式。

民众的狂热爱好

开花植物罂粟的汁液具有卓越的品质：它们能减轻疼痛。将罂粟花的汁液刮下来并烘干，结果就是鸦片——来自镇静剂家族的同源化合物的混合物。镇静剂家族是一个范围广大的化学药品家族，包括吗啡、海洛因和鸦片酊等知名药品。罂粟花的提取物可以消除疼痛，因为完全相同的镇静类物质是大脑自身镇痛系统的重要组成部分。对最先使用该类药物的医生来说，能立刻解除身体痛苦是不可思议的。托马斯·西德纳姆（Thomas Sydenham）在1680年说："在全能的上帝全心全意地给予人类以减轻痛苦的补救办法中，没有哪一种能像鸦片那样普遍和有效。"

西德纳姆只讲了故事的一半。鸦片剂不仅能消除来自身体伤害的痛苦，而且还能消除由于关系断裂而产生的情绪波动。大脑边缘系统拥有比任何其他大脑区域更多的鸦片受体。关于分离的研究证明了鸦片剂作为治疗关系损失的麻醉剂的快速有效性：如果把母狗从小狗身边带走，它们的痛苦就会爆发。给它们小剂量的鸦片剂（太小也不能起到镇静的作用），小狗的抗议就会消失。

数千年来，诗人和其他声名狼藉的人都知道这种力量。荷马史诗《奥德赛》的第四卷从医学角度精确地描述了一个晚宴，在晚宴上，人们的对话悲哀地转向谈论逝去的同伴们：

此番话勾发了大家悲哭的欲望……

其时，海伦心中盘算着另一番主意……

她倒入一种药剂，

在他们饮用的酒中，可起舒心的作用，驱除烦恼使人忘却所有悲痛。

无论是谁喝这拌有此物的醇酒，

一天之内都不会流泪——

即使死了母亲和父亲，

即便他亲眼看见有人挥举铜剑，

谋杀了他的兄弟或爱子。

（译文引自陈中梅译本《荷马史诗·奥德塞》——译者注）

通过生物进化史的偶然事件，减轻悲痛的责任落到了镇静类物质的身上。身体损害会危及生命 —— 一个严酷的事实，推动感知损伤的神经系统的进化发展。大脑功能发挥作用的一端受到**伤害**——可以有效地刺激动物摆脱危险。但是，在身体的连续反对节奏中，每一个生理倾向都与它的极性对立面并存。所以，大脑不仅包含产生疼痛的神经递质，而且也包含那些缓解疼痛的递质——镇静类物质。当大脑边缘系统出现时，哺乳动物的生存逐渐依赖于这两者的相互调节，这时，一个完善的机制已经准备就绪，可以治疗身体创伤带来的心理后遗症。然后通过进化，该系统的一部分被征用来处理失去一段关系所造成的情感痛苦。

虽然依赖大脑新皮质进行思考的后笛卡儿们滔滔不绝地谈论思维和身体之间的区分，但是其他两个大脑并没有给出那样的界限。伤害一个人的手臂或一个人的神经生理同样真实，而且，对哺乳动物来说，后者可能更严重。对疼痛中枢来说，最重要的不是轻微的伤害属于什么哲学范畴，而是它造成的危险程度。鉴于哺乳动物的开环生理特点和他们对边缘调节的依赖，依恋关系中断是危险的，应该是非常令人讨厌的，而且，的确是这样：就像破碎的膝盖或刮伤的角膜，关系断裂带来痛苦。大多数人都认为最大的痛苦是失去他们所爱的人。

失去爱人与镇静类物质相互交织，使得大脑能够在紧急情况下热线连接。精神科医生经常看到那些故意以轻微而激烈的方式伤害自己的人，比如用薄剃须刀片划伤前臂，或者用香烟烫伤大腿。多年来，这些人已经获得了多个标签，将他们的自毁倾向归因于各种复杂的动机：渴望关注、企图操纵、转向自我的愤怒。

他们中的大多数人有一个共同点：对分离的痛苦异常地终身敏感。指责、争吵和其他短暂关系破裂所造成的微小损失可以引起他们无法忍受的沮丧和悲伤。紧接着就是自残行为：刺伤、烫伤、切进皮肤的伤口。在受虐的表皮下面，悸动的疼痛纤维将它们的鼓声信号发送到大脑，警告当事人可能会受伤。这些信息释放疼痛的平衡物质——令人舒缓的镇静物质平静地流淌——因此，悲伤停止。慢性肢体自残挑起较小的痛苦，欺骗他们的神经系统对不堪忍受的事情失去知觉。

不太激烈的途径比比皆是：人与人之间温暖的接触也刺激内部镇痛物质释放。我们的爱人、配偶、孩子、父母和朋友都是我们日常的止痛药，他们散发出健忘的魔力，让我们忘却哺乳动物孤独的痛苦。这是最神奇的魔力。

草原土拨鼠的生活

第三种引导依恋关系的神经递质在分娩时协调生理活动——它刺激子宫收缩和乳汁喷出——但直到最近还没有人觉察到其惊人的情感力量。

催产素充满激情的性质已经在一个不太可能在科学界闻名的动物——草原土拨鼠（也称草原田鼠）的大脑内得到了证明。埃默里大学精神病学研究员和行为神经科学中心主任托马斯·英赛尔（Thomas Insel）研究了两种土拨鼠。草原田鼠（平原田鼠）联系紧密：成年田鼠是一夫一妻制的，父母都养育自己的幼崽，丈夫和妻子大部分时间并排坐在一起。居住在山地的田鼠（山地田鼠）不是那么社会化：这些随便地搭配在一起的啮齿类动物的交配模式倾向于滥交，而且跟它们的同类平原田鼠比起来，山地田鼠父母对幼崽的照顾也少得多。父系的山地田鼠常常忽视它们的后代，母鼠经常在产后两周便遗弃它们的幼崽。

英赛尔比较了两个物种的大脑，并注意到它们仅有一个神经递质系统的活跃度不同——催产素。有亲密关系的草原田鼠的大脑边缘系统装载有催产素受体，而更冷漠的山地田鼠的催产素受体则少得多。山地田鼠的催产素活性只在生育幼崽的时候升高，这时候紧密联系是必需的。在山地田鼠生育结束后，催产素再次下降，联结纽带也是这样。母亲和幼崽便分道扬镳。

草原田鼠的爱情生活说明催产素在锻造关系纽带中的作用。人类母亲在生育时催产素水平激增——人们认为，这是为了刺激分娩和哺乳，但是科学以新的眼光看待这些激素水平。几十年来，专家们都在争论母亲和婴儿是否在分娩后的几个小时内形成了一种纽带，以及在这个时候分离两者是否明智，这是过去西方医院分娩的习俗。生育期间高催产素水平意味着至关重要的关系事件。它们告诉我们母亲产后需要和孩子在一起，因为这个时候他们的神经化学物质正忙于编织他们之间的纽带。

催产素在青春期也有一次迸发，这时候青少年的暗恋第一次绽放。奇怪的是，一个简单的微小分子可以开启迷恋的青春期时期，但在大脑内发生的一切都源于神经化学变化——包括初恋的奇迹，其复杂的秘密驻留在草原田鼠的大脑边缘系统内，当然也驻留在我们的大脑边缘系统内。

纽带的宽度

人类可以破译其他哺乳动物的一些大脑边缘系统功能表现，反之亦然。但有些情感交流是物种所特有的：当猫眨着它的杏仁眼并把目光转向别处时，这个信号，对其范围内的猫科动物来说其传递信息相当丰富，却完全超出了人类的理解能力。但是，尽管哺乳动物之间的情感表达丰富多样，但它们都拥有一个共同的神经基础结构。这种共享边缘遗传的结果通常被认为是理所当然的：不同的物种可以相互联系。

在马林县一个普通的星期天，充分的证据即将出现在最近的杂货店前面，那里，有一两条金毛猎犬在他们的主人购物时经常被绑在外面。大多数时候，狗都站着，透过玻璃门往里看，试图瞥一眼里面那个对它们来说很重要的人。不时地，有人会走过来，进来或出去，拍拍狗的头。狗接受了这种情感，尽管有点不耐烦。但是，当它的主人走出门时，它带着明显的渴盼颤抖和跳跃。分离、警惕的观察、对纽带关系以外的人的冷漠、团聚和喜悦，发生在当地市场十分钟的时段里，并且人和狗两个物种在进化时间上相差数千万年。

不知何故，依恋架构如此宽泛，人和狗都符合彼此认定的重要伙伴的条件。而且两者可以进行边缘调节：他们花时间接近对方，彼此想念对方；他们会看懂对方的一些情感符号；他们彼此都会因为对方在场而感到舒心和宽慰；他们彼此都会调整和调节对方的生理机能。边缘调节可以维持生命。这就是宠物不仅使人们感觉更快乐，而且让他们活得更长寿的原因。一些研究表明，养狗的心脏病患者死亡率是那些放弃犬只陪伴的心脏病患者的1/6~1/4。

超过25年前，刘易斯·托马斯（Lewis Thomas）写道："虽然我们肯定是最社会化的社会动物——更加相互依存、彼此相连，在行为举止上比蜜蜂更形影不离——但是我们经常感觉不到我们智慧的结合。"我们今天的科学正在让我们理解相互依赖的目的，了解形影不离的预期结果，领悟我们结合状态的本性。

在出生之前开始并维持生命直到它结束的过程中，我们相互依恋，以便使我们的大脑保持健康发展。这部二重奏的最早部分必须引起我们的注意：依恋会永远改变年幼的哺乳动物，因为边缘系统调节将持久的认知模式刻进了心灵的发展历程。要理解依恋如何塑造一个人，我们需要理解记忆——大脑由经验经历结构变化的过程。记忆不走直线，人的心也不走直线。

5

记忆如何储存并塑造爱

记忆这个看似平淡无奇的名词，却在无形中包含了广袤无垠的天地。任何人只要有丝毫的意愿，就能够唤起思绪深处那早已随着岁月洪流而渐行渐远的人物或地方。这些人物或地方的印象藏匿于神经间隙的蜿蜒小径中。广袤无垠的过去就以某种方式隐匿其间，只有其中的片段我们可以随心所欲地唤醒。然而，记忆还起到界定、创建我们的精神世界并维系着我们精神世界的完整的作用。神经系统生理学家先驱埃瓦尔德·海林（Ewald Hering）认为：

记忆将我们生命中无数纷杂繁复的现象整合统筹为一个整体，就像我们的身体，如果没有物质间相互引力使组成身体的元素紧密地结合在一起，我们的身体就会分崩离析。我们的意识也是这样，要是没有记忆的捆绑整合，它就会分解成无数的碎片，就像我们活在无数的瞬间。

海林的说法颇具前瞻性。每个个体生命活得就像神经系统里的光雾，他的思维、梦想、情感、理想，都只是在千百万个神经一瞬间流动的信号所产生的短暂效应。个人的心智具备稳定性——也就是所谓的*个性*——是因为某些神经通路持续存在。心理之所以具有可塑性，之所以具有某些适应与学习的能力，是因为神经元的连接能够改变。记忆的生理机能决定那些可塑的节点的命运，而这也决定了我们身为何类人，甚至日后我们能够成为什么样的人。

　　因此，记忆的科学理论就是灵魂的地图。每一幅图表都必须描绘出心灵鲜为人知的隐秘地带：为什么人类会拥有自己意识不到的情感知识呢？

　　从古至今，浪漫的情侣们都以异常严格苛刻却又难以解释的审慎态度挑选爱侣。安德烈·莫洛亚（Andre Maurois）写道："在文学方面和在爱情方面一样，我们对他人的选择感到非常惊讶。"其实，他人对我们的选择也一样吃惊，"相容性"这个概念告诉我们：在相爱方面，没有通用的标准。性吸引力只是每个人选择标准中的小部分。在所有对彼此肉体感兴趣的人当中，最终步入婚姻殿堂的人只占了极小一部分。这不是任意选择什么人都可以的，事实上，对一个苦心孤诣寻觅真爱的人而言，几乎没有人符合他的要求。

　　一个人要连续不断地和多个人组合磨合，如同儿童做拼图游戏，直到找到最般配的那个人。爱情的拼图是在黑暗中拼成的：

可能成为伴侣的人都在盲目地寻觅志同道合的理想伴侣；他们无法清楚表达出他们想要寻求何种人；甚至大多数人在寻觅未来的对象时，还未察觉自己心里的需求其实是很明确的。这些微妙的欲望又是如何形成的呢？人们怎么知道该如何辨别谁是合适的伴侣，又怎么知道该如何去爱他呢？而他们又为何对这种知识一无所知呢？

早在本章所提到的记忆科学出现前75年，西格蒙德·弗洛伊德（Sigmund Freud）就提出了一个潜意识的情感记忆模型，之后这个模型则成为一套原理。弗洛伊德认为，潜意识是精神上的潘多拉盒子——里面所藏的各种思想、记忆、观念以及冲动，令人不悦并且引人焦虑，因此必须把它从意识中"扫地出门"，丢入心理储藏室。弗洛伊德在建构这个精神地下储藏室时，认为记忆会如同希腊古瓮般完整地保存下来：记忆可能会深埋在压抑的沙尘暴之下，但潜意识压抑的力量一旦减弱，它们就会以原本的样貌出土。弗洛伊德写道："从受压抑后的记忆所保留下来的轨迹来看，可以证实记忆不会因时间而发生改变，不论在何种情况下，潜意识都不会受时间的影响。"

潘多拉盒子的譬喻颇为引人着迷。其核心意象则恰好符合从远古流传下来的、一脉相承的世界秩序观：上苍拥有宅心仁厚的理性，地底盘踞着凶神恶煞的怪物，而地球疤痕累累的表面则是这强大的两极之间的主战场。在实践中，若有人指控潜意识里潜伏着某种恐怖的怪物，那么弗洛伊德的理论就像防弹盾牌使得这种说法毋庸置疑。但是，如果没看到过这头怪物，那我们可以说那是强大的压抑作用所致，而不是想象力丰富过盛所致。弗洛伊德的记忆模型也因此造成了许多令人毛骨悚然的恐怖事件，并且造成了不少危害。富兰克林案就是一个这样噩梦般的真实案例。这件史上最著名的压抑记忆案件发生于1990年，乔治·富兰克林（George Franklin）以谋杀罪名受审，原因是他的女儿艾琳突然"记起"她在20年前看到过他把一名8岁的女孩殴打致死。没有证人出庭作证这项指控，也没有任何证据显示他与该项罪行有关，没有指纹、毛发纤维，也没有相符的 DNA。富兰克林小姐根据记忆所描述的栩栩如生的命案细节，都是几十年前在报纸上曾经报道过的。不过，一位德高望重的精神病专家表示，艾琳遗忘已久的"记忆"的真实性毋庸置疑，于是陪审团予以采信，乔治·富兰克林也因此入狱服刑。五年后，联邦法院依法驳回这项判决，而地方检察官则秘密地决定不再重审这件案子。与此同时，那位指证他的证人也毁掉了自己原本就颇为脆弱的信誉，因为艾琳又"记起"她父亲还谋杀了另外两个人——但这两件命案的DNA证据以及她父亲毫无争议的不在场证明，证实了他不可能犯下这两项罪行。

富兰克林案发生在阳光普照、生机盎然的圣马特奥市（美国加利福尼亚州）。20世纪初的维也纳虽与此案件发生的时间相隔几十年之久，地点也相隔几千公里之远，却是致使富兰克林遭到定罪的记忆学说的来源地。弗洛伊德所提出的压抑理论，其本意并不是用来作为指控别人犯有谋杀罪的依据，而是指出隐藏于潜意识里的乱伦思想所具有的影响力。孩子对父母的情感决定他日后所选择的爱侣，但道德的反感却将此种情欲驱逐出意识之外，因此孩子永远不会知道自己所拥有的不可告人的欲望是与生俱来的。这就是弗洛伊德对潜意识情感记忆的解释。这种解释看似颇为引人注目，但其理论核心却至少存在两项重大缺陷。

首先，记忆不是某一个**物体**。心肌纤维是物体，但其所造成的心跳则是生理上的**活动**，虽是推动生命存在和延续的鲜活跳动，但毕竟没有质量，同时也不占有空间。记忆则是身体的另一项功能，虽是由生理物质运转操作，但记忆本身和灵魂一样不具有实体性。假如心脏跳动了一下之后便停止了一分钟，这并不能代表心跳离开我们的躯体到了别处，以至于必须要将其取回。记忆是神经系统的心跳，甚至每次跳动的时间可能相隔几十年。记忆不是物体，不会离开甚至抽离我们的灵魂。其次，现代科学的研究成果已推翻了弗洛伊德对记忆不变的说法。记忆不仅可变，而且我们在下一章也即将看到：大脑的信息储存机制的本质表明，记忆必然随着时间的变更而发生变化。

由于弗洛伊德将他的记忆模型构筑于虚构的基石上，因此这一理论到了21世纪便开始分崩瓦解。压抑记忆的理论早已臭名昭著。在许多法庭里，"重拾"的记忆已不再被采纳作为可靠证据。但有一点却是毋庸置疑的，那就是潜意识的情感知识确实存在。记忆的景观中的确有一片阴影，但潜意识中的压抑作用并非是造成这片阴影的原因。

在月球通过太阳前方的时候，这种短暂的重叠会在地球表面投下一圈黄昏般的暗淡阴影，也就是**本影**（umbra）。一旦日月两者再度分离，阴影消失，地面便会再度恢复白昼。弗洛伊德本人并不知道他所描述的那段记忆空洞，其实是永恒的精神日食的日月半影（penumbra）。他不可能预料到有朝一日科学会将记忆划分为两个不同的球体，只不过两者如同日月重叠般的状况容易造成误解。大脑记忆机制的其中一部分使意识沐浴在事实和特异性的强大光明中，而另一部分——更古老久远、更深不可测、更静默安谧——则以其本身微弱的星星之火照亮了我们的生活。

不可能的日记

哪些人在你的婚宴上喝醉了？你初恋情人的眼珠是什么颜色的？在电影《瘦人》（*The Thin Man*）中与玛娜·洛伊（Myrna Loy）演对手戏的人是谁？如果你能够毫不迟疑地回答这些问题，那是因为你拥有外显记忆（explicit memory）。外显记忆是大脑的双储存系统之中较为开放活泼的一个能够保存事件的系统记忆，其中包含自己的经历以及林林总总的事实细节。如果你想重拾自己以前所知道或经历过的事情，只需做点心理上的筛选排除，便可将你所需要的信息资讯通通导入意识。虽然外显记忆存取快速且容量庞大，但其经常发生误差的记忆却总让人错认为它是精准无误的。新的扫描科技发现感知与想象都会影响大脑中同一块区域，也许正是由于这个原因，大脑才无法准确地区分它所记录的经验和内在的幻想。在奥斯卡·王尔德（Oscar Wilde）的剧作《不可儿戏》（*The Importance of Being Earnest*）中，普莉丝女士说道："我亲爱的希丝莉，记忆是我们每个人携带的贴身日记。"牙尖嘴利的希丝莉回道："没错，不过那本日记所记载的，常常是不曾发生，也永不可能发生的事。"

产生外显记忆的硬件位于大脑的颞叶区。其中最重要的组件就是海马体，这个优雅螺旋形的神经元长在颞叶的中线附近，并向颞叶两端卷曲伸展。

海马体安然无恙地蜷伏在大脑的中心地带，似乎不会受到任何来自外界的伤害。然而，事实并非如此——意外事故、中风、病毒以及神经外科手术等都可能，也确实会对海马体造成损伤。失去海马体的患者便可证实海马体所具备的记忆能力，因为没有海马体就不能产生外显记忆。这类患者所患的疾病就是在肥

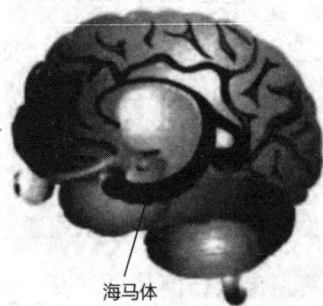

海马体

海马体在大脑中的位置

皂剧里最常出现的疾病——失忆症。肥皂剧里所强调的，是主角无法回忆起他那错综复杂的情感纠葛，但失去海马体的患者所真正面临的问题，是他们无法保存记忆也无法回忆往事。他们的生命搁浅在**现在**这个"荒芜"的孤岛上。

比如，有这么一位患者，我们姑且称他为安德伍先生：他是一位男士，67岁，他的家人带他到医院来的原因是他好像意识模糊。医生诊断之后发现他罹患了科尔萨科夫综合征（健忘综合征）——外显记忆系统的部分重要区域遭到损坏。这是他几十年来酗酒所造成的后果。

在大脑遭到损坏之后，安德伍先生对他之前所看到过或者做过的事都没有丝毫记忆，他被锁在了永远不变的**现在**。他一直认为现在是1985年，也一直认为里根还是美国总统。他一直对自己为何身处医院而迷惑不解，因为每次人们向他解释之后，没过多久他就又忘得一干二净。他的医护人员在他眼中永远都是陌生人，因此每次见面都必须向他再重新介绍一次。他很喜欢讲笑话——常常在短短的十分钟内，把同样的一个笑话重复讲上三四次，虽然笑话讲那么多次早就不再令人发笑，但他却浑然不觉、乐此不疲。他也常一个人游走到病房外，漫无目的地在医院里四处闲逛，直到有人发现他手腕上标明的姓名及病房号码而将他送回为止。他对自己的病房号码也一无所知。

安德伍先生由于神经系统遭到重大损伤，因此完全被困在**现在**这个牢笼里。拥有正常心理的人随时都能回忆起过去的事情。

（那是谁？我把车钥匙放在哪里？我昨晚为了什么事而和太太吵架？）这么做能使我们知道我们经历过什么、我们身处何地、我们周围发生了什么事情以及这些事情发生的原因。在安德伍先生的脑中，这些信息却像沙子流过滤网那般流逝得一干二净了。他的存在犹如一张薄纸，轻轻掠过时间的表面，与现实世界背道而驰，并越来越远。

如果说是安德伍先生长期的酗酒行为破坏了他的外显记忆系统，那他怎么还能记起一些事呢？他怎么能记得1985年的时候里根是美国总统？又怎么可能记得他太太的名字，或是他自己的名字？海马体虽然是产生外显记忆的重要部位，但记忆本身却驻留在其他地方。安德伍先生这类患者对于脑部受到创伤之前（前几天）的记忆都能一清二楚地记得，而对脑部受到创伤之后所发生的事则无法想起。

或者应该说，长久以来我们都是这么认为的。经过一番仔细研究后，研究人员发现，像安德伍先生这类患者虽然失去了外显记忆，却仍然拥有学习某些事物的能力。这项发现就好比在月球的黑暗面发现一座城市一样。从此以后，研究人员便开始找寻隐藏在脑中的第二个记忆系统。

隐秘行动

一位与安德伍先生情况相同的患者，在别人的教导指引下学会了编织——他在外显记忆遭到破坏之前从未接触过这项技艺。

他学会之后，研究人员问他是否会编织。他回答道："不会。"在他看来，这个答案并没有错。然而，当研究人员把三条布条放在他手里时，他便毫不迟疑自发地将其编织在一起。

如果人会在自己一无所知的情况下形成记忆，那我们又如何知道这一点呢？不管一个人自己怎么说，我们只能通过经验观察到行为变化，才能够推测他一定学到了某个技巧。由于患者并不记得此前学过编织，因此神经系统记录编织技巧的部位，肯定和存放学习过程的事件记忆（event memory）的部位不同。如果我们愿意在门外研究患者的自述报告（self-report），那么我们可能会进入大脑隐蔽的学习系统区域。

虽然**外显记忆**为有意识的思想而服务，但**内隐记忆**却不会这么做。这就是为什么内隐记忆往往被我们忽略。在正常人脑中，学习与认知之间形成的落差程度其实和那位学习编织的患者一样大。我们每个人都拥有某些极为丰富而复杂的知识，这些知识是我们无法用言语描述、解释，甚至意识不到的。

看看以下这项研究：芭芭拉·诺尔顿（Barbara Knowlton）、珍妮弗·曼格斯（Jennifer Mangels）以及莱利·史奎尔（Larry squire）要求受测者在简单的计算机模型中预测天气。每一次测试中，计算机屏幕上都会出现下一页图中的符号，出现的个数从一个到三个不等。受测者必须通过这些提示，预测计算机中变幻莫测的世界里的天气究竟是晴朗还是阴雨。每位受测者看过屏幕提示之后便可输入答案，然后计算机就会马上显示结果，告诉他们自己的天气预测是否正确。之后，受测者再重来一次。

这项实验此前经过特别的设计和处理，因此看起来毫不相干的提示符号，却又真的和结果是晴天还是阴雨密切相关。不过，提示符号与结果之间的关系，是一种复杂的概率性关系，即使是聪明绝顶的人也无法推测出来。研究者把任务设计成无法通过逻辑思考解决的形式，这样，大脑新皮质的推理能力失效——所以，可以说受测者只能用他们后方的另一个脑来解决问题。这个实验成功地混淆了受测者的认知能力，没有一位受测者能推测得出这些提示符号与天气之间究竟有何关联。然而，即使如此，他们的预测能力也在稳步提高。经过50个回合的测试之后，受测者的平均正确率达到70%。虽然受测者不懂自己在做什么，也不知道这其中的道理，他们却依然可以完成任务。他们对测试任务逐渐产生一种感觉，因而在逻辑思考无法发挥作用的时候，他们依然能够通过直觉来把握住这些复杂问题的精髓。

给试图预测天气的受测者的线索。[摘自诺尔顿（Knowlton）等人，1996 年]

预测真正的天气所依靠的线索虽然不尽相同，然而，在现代气象科学出现之前，人们预测天气的大脑运作过程往往和这项实验是如出一辙的。早晨晴朗无云的蓝天、风向、凛冽的空气以及一种不可言喻的气味（或者有些人会感到膝盖因风湿而疼痛），这些现象结合起来预示下午会下雨或者晚上会下雪。虽然在看着碧空万里的蓝天，你心里却可能想着："今天可能会下雨。"

对于业余的预测者（我们大多数人都是）来说，这种极易遭到忽略的内在感受，可能恰恰是我们所拥有的最佳指南。在一项类似天气预测的实验当中，研究者发现，企图解决问题的思考意识反而会造成直觉上的障碍，以至于影响了人们的预测能力。另一项实验则显示出：如果研究者事先对受测者详细地阐述这些提示符号的重要性，受测者将会加深对任务的了解，却不会因此而表现得更出色。

诺尔顿、史奎尔以及塞斯·雷穆斯（Seth Ramus）为了测试内隐记忆的极限值，设计出一种新奇的语法结构——一套复杂而任意编排的步骤，用来组合一种新颖又完全无用的语言中的"词语"。

在这种设置下，受测者可以用T、V、J和X四个字母组成无数的词语，不过并不是任何组合都行得通（例如，XXVX是正确的词语，但TVXJ则不是）。研究者并没有说明其中的规则，他们直接先让受测者看过50个正确的词语之后，便要求受测者判断他

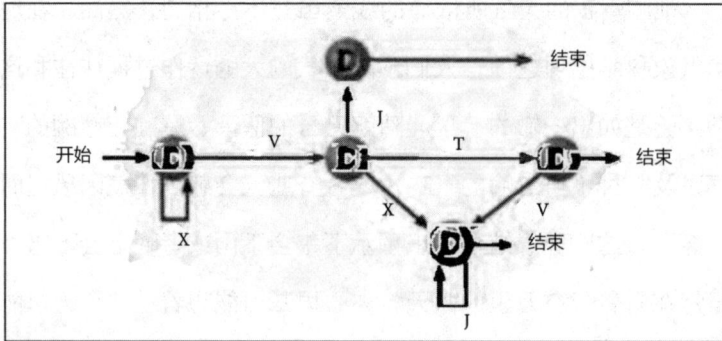

= 决策点

人工语法研究中的"单词"生成方案。[摘自诺尔顿（Knowlton）等人，1992 年]

XXVT	TVT
XXVXJJ	TXXXVT
VXJJ	VXXXVJ
VTV	VJTVTX

人工语法中符合语法规则和不符合语法规则的"单词"。
[摘自诺尔顿（Knowlton）等人，1992 年]

们之前从未见过的备选词语是否合理。

　　研究者发现，受测者都能够辨别出词语是否符合人造语法规则，却无法说明他们自己是如何辨别的。在这项实验里，受测者再次以一种自己不明所以的方式成功地掌握了一个复杂系统的内部运作方式。他们只能说自己是靠直觉做到的。

　　人是如何在完全不懂原因的前提下做出这种复杂判断的呢？大脑里一定有一个部位能够了解上述的人造语法中的复杂设置，而不需运用掌管理解力的神经系统。这种大脑机制必定就是内隐记忆，因为海马体已经受损的患者（因而失去外显记忆）在天气预测和人造语法这两项实验中的表现和一般人没有什么区别。大脑的双记忆系统具有完美的协调互补功能：内隐记忆系统的器官遭到损伤时，大脑依然具有学习事件、事实以及列表的能力，但是无法继续积累人类依靠的直觉性知识。

关于直觉的科学研究才刚开始，不过研究人员却已经在努力探究它的力量了。在1997年的一项极其讲究的实验当中，安东尼·贝莎拉（Antoine Bechara）、汉娜·达马席欧（Hanna Damasio）、安东尼欧·达马席欧（Antonio Damasio），以及丹尼尔·塔诺（Daniel Tranel）给在游戏中的受试者每人2 000美元的游戏币，以及让他们抽取的四叠纸牌。受试者事先并不知道这四叠纸牌已经做了手脚：翻开其中两叠纸牌中的一张可获得100美元，翻开另外两叠则获得50美元。与现实生活中一样，高赢利的两叠纸牌里有高罚金的纸牌，而低赢利的两叠纸牌则有低罚金的纸牌。整体而言，只有在获利50美元的两叠纸牌中抽牌，才是制胜策略。不过，在刚开始玩时受试者对这一切毫不知情。

在遭到几次巨额的损失之后，当受试者要抽取高奖额的两叠纸牌时，其排汗量随之会有些许增加，身体所处的高度紧张状态是即将产生预感的唯一征兆；到了第二十个回合，还是没有人知道有半数之多的纸牌是对他们不利的；经过五十几个回合之后，受试者开始觉得他们应该避免从获利100元的纸牌里抽牌，不过他们无法解释产生这种想法的原因。经过八十个回合之后，有2/3的受试者已经知道该从哪两叠纸牌中抽牌，也知道这么做的原因。虽然还有1/3的受试者没有达到这样的认知阶段，他们却也能够凭着几轮游戏之后更加灵敏的直觉而赢得胜利。

我们生活在这个世界上，通常会认为理解能力是取得成功的一大要素。理性具有狭隘的缺点，但其折射出的耀眼光芒却使我们难以摆脱这种思维定式。在人们依旧认为科学终将理所当然地解释一切的时代里，黑格尔吹嘘："理性是宇宙的本质。"不过，这些关于记忆的研究发现直觉远远走在理解能力的前面。这些研究显示我们的生命沐浴在另一颗太阳的光芒里，只是我们从未见过这颗柔和仁爱的太阳。在面临重复的经历时，大脑的潜意识会自发找出藏匿于其中的一系列规则。我们可以感受到这种机制的一部分，就是一股在太阳神经丛中日积月累的压力，虽然可供我们使用，却无法对其加以解释。这种知识会逐渐地发展，怡然自得、无法阻挡、不可言传，注定无法用言语描述。

亚里士多德认为，"知其然"与"知其所以然"实际上是有区别的。雅典人对于事物成因的积极探索开启了科学探索的先河。他们对事物的解释后来演变成了神话，不过他们认知的原则却完好地保留了下来：要获得真正的知识、正确的知识，就必须知道隐藏于事物背后的真相。中世纪对*知识*（scientia）一词的定义就是：*知其所以然*（cognitio per causas）。当今的科学正在证实，"知其然而知其所以然"不仅有用，甚至至高无上。理解力的正确作用，就是粉饰掩盖认知能力。正如巴斯卡所说，理性是那些不知道真理的人用来发现真理的一种缓慢而曲折的方法。

内隐记忆确保我们在不知情的情况下，依然能够学习到知识。比如，很多口语的音位及其文法规则，母语使用者都懂，但是无法解释其存在的原因，而且大多数人看到这些规则的时候甚至还感到陌生而懵懂。如同史蒂文·平克（Steven Pinker）在《语言本能》（*The Language Instinct*）一书中所指出的，英语使用者一眼就能够看出thole，plast，flitch虽然不是正确规范的英文词语，但其拼音方式却符合英语的规则；而vlas，ptak，nyip则完全不符合英语规则。我们大多数人不知道造成这种区别的原因是什么——"nyip为何不行？"这类堂吉诃德式的想法，会由于某些毫无疑义的陌生感受而被抑制住。平克指出，虽然我们可以说"我的球可以拿来拍"以及"我的马可以拿来赛跑"，但"我的哥哥可以拿来死"听起来却很刺耳。只有少数的文法学家能够解释其中的原因。由于我们对语言结构的认知属于内隐知识，因此我们虽然能够驾驭并运用语言，却无法对其作出解释。儿童无须经过语法教导便能学会说话，他们习得语言规则如同海绵吸水一样自然。每一种语言都丰富多彩、错综复杂，却绝不零散混乱。神经系统从丰富的经验当中过滤出重复出现的模式，从而能够把握深藏在语言当中的一系列规则。

在人们熟悉的、鲜明的、具有分析力的意识背后，有一种隐蔽的无声的力量能够将令人眼花缭乱的复杂生活转变为无意识的行为，让人在不知不觉中产生坚定的信念，给予人事后才知道理由或者根本不知道理由的直觉预感。就是这种比较隐蔽的系统指导我们在爱情中作出选择。

再来看一首丹妮斯·莱维托芙（Denise Levertov）的诗：

向内看：看我

稚嫩的翅膀，一只

羽毛似被烟灰染黑，另一只

羽毛闪耀着灰烬的炽热光亮，苍白的

耀眼的翅膀。哎——

我能够只用

一只翅膀飞翔吗？

白色的那只？

排除阴影的困扰，而仅仅凭着光亮就能飞进爱的国度？根本不可能，继续往下看就知道原因了。

儿童的记忆花园

儿童脑中的两个记忆系统的发展速度并不协调一致。人类刚出生时，外显记忆系统结构还不成熟，必须经过数年的神经发育之后，功能才会日趋完善。内隐记忆则完全不需要作热身准备，早在婴儿出生之前就已经开始操作运转。当年龄逐渐增大，外显记忆系统也会随之日趋老化凋零，然而内隐记忆系统却依然年轻健壮。

这两种不同的发育过程，就像空间的曲线，描绘了不同知识的发展轨迹。当一个人超过三十岁时，就会发觉自己的记忆力开始跟不上节奏，逐步减退；再过几年，他可能就会变得渐渐想不起朋友的名字、记不得车钥匙放在何处，有时甚至连车停在哪里都会忘记，但他的直觉不但不会削弱衰退，而且还会日益增长。你绝对不会忘记怎么骑脚踏车，这就是大脑记忆分工的结果。通过感觉而非知识记忆所学得的能力或技巧，是永远不会忘记的。由于外显记忆在生命的初期与末期的功能有限，因此人们无法记得早在两岁之前所发生的一系列往事。1897年1月24日，弗洛伊德在一封写给同僚威廉·弗里士（Wilhelm Fliess）的信中表示，他成功地让一位患者恢复了自己十一个月大时的记忆，让那位患者"重新听到那时身边的两个大人所说的话！就好像从留声机里听到的一样"。虽然弗洛伊德才华横溢，但他声称此病患所拥有的记忆早熟程度甚至超越了莫扎特所拥有的对音乐的早熟记忆程度。

如果婴儿对自己所经历的事件没有加以记录，那么他究竟学了些什么？由于婴儿对运动原本只有极为微弱的控制能力，因此无法立刻表现出他的超凡能力。不过，有几项巧妙的实验证实了婴儿极强的学习天赋。研究者通过监控观察婴儿对新鲜事物作出的生理反应，便可知道哪些事物对婴儿的自主神经系统来说丝毫没有刺激性——如此即可断定哪些事物对婴儿来说是新奇的，而哪些事物则是婴儿早已知道的。

这种方法证实，婴儿能够在出生后的36个小时内记住母亲的声音与面容。过不了几天，除了母亲的声音之外，婴儿还会辨认出并且偏爱母亲所说的语言，即使是被陌生人说出来的时候也能够清楚地辨认。你可能会认为这是产后母子间的互动效应——这其实是婴儿快速的学习能力效应，但新生儿却不能辨认出父亲的声音。因此，新生儿对母亲声音的偏好，在某种程度上反映出婴儿的学习能力早在出生之前就已经开始发育。婴儿的听觉系统在出生之前就已经得到快速发育，而且水分充足的子宫形成一个天然的优质的音响系统，将胎儿包裹在声音丰富的"交响乐"的氛围中。胎儿九个月来一直浸润在母亲的声音中，因此他的大脑便开始解析并储存这些声音——不仅是母亲的说话声，还有她的语言规则。婴儿出生之后，就能适应早已熟悉的母亲的声音以及语言，而且对它们尤其偏爱。这充分展现了他的依恋能力和记忆能力在发展中的轨迹。

情感学习和语言的习得一样，都是在不知情的状态中进行的。虽然婴儿早在母亲的子宫里就已经开始学习，出生后却仍然需要经过好几个月的学习才能够听得懂完整的句子，而且还需要更久的时间才能说出完整的话语。哺乳动物的脸部表情、声音音调以及触摸都带有天生的情感信息，我们在第3章已讨论过，婴儿天生就对这种信息系统极为敏感熟悉。在婴儿出生后一两年内，内隐记忆是大脑唯一的学习机制，而且，在这段时间里，母子正是通过这种边缘关系紧密地联系在一起的。

情感记忆是否能够由外显记忆以外大脑的其他部位所记录呢？安东尼奥·达马席欧证实了这是可以的。达马席欧有一位名叫鲍斯威尔的患者，他和安德伍先生一样丧失了外显记忆。不过，达马席欧与丹尼尔·塔诺发现鲍斯威尔的依恋行为并不混乱，他似乎特别依恋某位护理人员。塔诺与达马席欧对他这种情感上的选择表现出了极大的兴趣，于是他们设计了一项实验，来测试鲍斯威尔情感记忆的形成及保存能力。他们找来三个人合演一场戏："好人"必须对鲍斯威尔关怀备至、体贴入微，"中立者"态度温和友善，"坏人"则态度粗暴恶劣。鲍斯威尔后来表示他从未见过这三个人，而事实上他也没有说谎——他的大脑的确没有保存这项记忆。不过，要他在三位当中选出一位他愿意要口香糖或香烟的时候，他大都选择"好人"。由此可见，虽然鲍斯威尔丧失了事件记忆，同时也无法记得别人的姓名和模样，但他仍然对情感持有印象。

法国诗人夏尔·波特来尔（Charles Baudelaire）曾经写道，魔鬼最高明的戏法就是让世人认为他并不存在。内隐记忆也具备同样的诡计。随便向一个人询问他的情感记忆，他便会开始叙述他记忆里较为深刻鲜明的一些片段——如在他五岁时意外丧命于车轮下的爱犬；在他九岁时全家从贝克尔斯菲市搬家到波士顿；伤感的高中毕业舞会，因为在那次舞会上他被自己倾慕已久的长发美女断然拒绝。认为记忆中最突出的伤痛对我们的影响最为深刻是最理所当然的事了。有些伤痛记忆确实在我们的心里留下了不可磨灭的印记，但是，不知情、不易察觉而缓慢微弱的内隐记忆，才是我们情感学习道路上的真实记录者。

处于特定的情感模式中的儿童会自发地从各种例子中学习简单的规则，进而有效地学习这些情感模式的特殊奥妙和精髓。而他这么做的时候，便得到了一种爱的直觉知识，那是意识所永远无法了解的。他对自己的内心之所以不了解，并不是因为压抑作用，而是因为大脑的双记忆结构。程序设计师将其程序中所存在的问题称作特色而非缺陷，爱之书晦涩难懂的道理也是如此。

大脑坚持不懈地总结事物当中的潜在规则，是其优点也是缺陷。内隐记忆之所以萃取事物背后的原则，与马洛里（Mallory）攀爬珠穆朗玛峰的原因一样——"因为它就在那儿"。婴儿若在生命的最初时期经历了一系列相似的情况，那么他的大脑会因而误以为是惯例。这种心理机制只会萃取，但不会评估，它无法知道它从家庭的情感世界中所萃取的情感模式与其他人的情感模式是否一致。就像我们嘴里会无意识地说出符合语法规则的英语一样，我们每个人也都拥有结构完整的关系情感模式。

在爱的舞蹈中，在每一次不假思索的转动中，我们都在运用无意识知识。如果孩子拥有好的父母，他就会学到正确的价值观准则——爱意味着保护、照顾、忠诚、牺牲。他之所以知道这一切，并不是因为有人告诉他，而是因为他的大脑把各种错综复杂的行为自动地简化成几种规律的原型。如果孩子的父母情感不健康，他便会不知不觉地把他们不幸福的日常生活关系记录下来：爱变得令人窒息、愤怒令人恐惧、依赖令人感到羞耻，以及其他各种负面扭曲的看法。托尔斯泰（Tolstoy）说得没错，所有幸福的家庭都是相似的（就像健康的身体一样），但不幸福的家庭则各有各的不幸。

比如，有一位单身而整天闷闷不乐的年轻人，他单身是有原因的。长久以来，他的浪漫史总是按部就班地遵循同一种模式。最初，他总是忘我地陶醉于爱情的狂喜中，体内燃烧着炽热真挚的热情；在接下来的几个星期里，双方便迅速陷入疯狂的热恋模式。然后，警钟在这个时候敲响了：他的爱人开始对他流露出些许不满。随着他们的关系逐渐稳定，这些许的不满也随之逐渐增加，终于有一天如溃于蚁穴的河堤一般。他太古板偏执，太不体贴细腻，选择餐厅的品位庸俗老土，生活习惯太过混乱糟糕。等到他忍无可忍的时候，便与对方提出分手。于是他的生活终于恢复了往日的风平浪静。不过，随着时间的流逝，他的解脱感又转为空虚寂寥。而在他和下一个女人交往不久后，马上又会发现她和前女友的生活习惯如出一辙。没有女人，他会感到生活空虚乏味；有了女人，则觉得生活痛苦不堪。

这种恶性循环反映了他生命早期的记忆，也就是那深深烙印在他内隐记忆里的情感模式。整体而言，他的女友反映出他脑中对母亲的印象——心灵手巧，但脾气暴躁、心直口快。他年轻的脑袋吸纳了这种模式，并认为所有男人所爱的对象都会与这个原型相符。我们在下一章将会探讨到，因为某些原因他也只能找到这个原型。若没有别人帮助，他永远意识不到他还可以找其他类型的女友。

就连最基本的常识也会误导他，他可能会像大多数明智的人一样，认为只要分析整合自己儿时积累的经验，就能够轻松地解决问题。患者与心理治疗师都对此种假设的简单性极为感兴趣——我们很容易将复杂的问题归于单一、简单的原因，但自然界的事物通常是由各种细微渺小的因子所累积而成的。心理治疗师为了找寻患者脑中那份丧失的记忆，也许会在他的外显记忆当中搜寻，就像在昏暗潮湿的厨房橱柜里找东西一样。心理治疗师认为，只要让某些不愉快的情节记忆"重见天日"，患者的问题将会很快迎刃而解。

把心理治疗变成外显记忆里的寻宝行为，显然是误入歧途了。如果一个人长期暴露在某种情感模式中，则这种模式的规律和结构就会深深地印在他的脑海里。细心的观察者到处都能看出这种知识的印记：在梦里，在从事的工作中，在各种人际关系中，以及他现在爱他妻子、儿女与宠物的方式中。个人经验的记忆的确有用，因为从中也可以认识并发现这种模式，而且通常是不加修饰、显而易见的。但是，外显记忆并不是无所不能。患者每天都将心理治疗师努力找寻的记忆瑰宝展现在心理治疗师面前，这些记忆与他的生命是紧密相连的。他不可能摆脱他的过去，如同他不可能放弃他的基因或指纹一样。只要你找对了地方，一切都是可以找得到的。

人往往依靠自己的智慧来解决问题，而一旦当他发现理解力丝毫无法改变情感的时候，自然也就感到困惑不解。对于拥有高度抽象思考能力的大脑新皮质而言，理解是最重要的事情。但是，对于早在理解力出现之前就已经存在的神经系统来说，理解力实际上并没有太大的意义。各种想法就像豆子一样，都被大脑边缘系统及爬行动物脑不可理喻的特性阻弹回来。情感知识极端的隐蔽性及其完全不受理性所控制的力量，使得逻辑思考力不从心，无法发挥功效，甚至连自助书籍也无法助人自救。市面上种类繁多、各式各样的自助书籍，不但显示出市场需求之庞大，也说明了这些书籍难以满足助人自救的需求。

脱轨的现实

内隐记忆会在某种程度上扭曲我们对外在世界的看法——这是众多具有这种作用的心理机制中的一种形式。大脑绝不允许外在的赤裸裸的现实闯入意识当中。大脑所接收的所有感官印象都必须事先经过一道道程序，从而将这个残酷复杂的世界当中过于粗枝大叶的部分加以修剪。我们可以做个试验：先闭上一只眼睛，然后用手指轻轻地推压另一只眼睛的眼角——这时外在世界就会随之下沉倾斜，好像不是你的手指在轻轻移动，而是上帝的手在晃动着整个地球。大脑并不会侦查探测眼睛的位置，而只会记录下在其本身号令下所造成的眼球运动。大脑若没有下令要求眼球移动，便认为眼球没有移动——大脑的这种认知在本质上是正确的，只不过在上述情况下难免会出现疏漏之处。用手推压眼球，会使视网膜所接受到的光线发生变化，于是大脑认为，既然眼睛固定不动，那么一定是外部世界在晃动。我们所获得的一切体验，都来自这种隐蔽的而且有时不完全正确的推论。

但是，就像《绿野仙踪》中奥兹国的魔法师一样，大脑不会让你去注意那只暗藏于幕后的推手，视网膜只能感应视野中央30°角以内的颜色。另外，视觉拟像（visual virtuality）则是一匹色彩斑斓的画布——有许多颜色是在大脑的推测、假设之下填入的，以提高我们的视觉享受。我们在不知不觉中接受了神经系统呈现的所谓的天真的现实，所以，我们以为外在世界就和我们所看到的一模一样。翁贝托·艾可（Umberto Echo）写道，在我们生活中诸多可以确定的事情里，只有一件是确定无疑的："在我们眼里，一切事物就是我们所看到的模样，而且不可能有其他模样。"

我们内在的现实世界是外部真实世界的虚像，是由我们空前强大的说服力塑造的。毕竟，构造一个人的同一组神经元也是造成现实与经验落差的"元凶"。当然，有时候也会出点小差错，假如虚像世界只是稍微地扭曲了真实的世界，我们便称之为错觉（illusion）；假如这种扭曲很严重，我们则称之为幻觉（hallucination）。精神病就是一种自身虚像世界与轮廓分明的真实世界之间巨大而灾难性的落差。大脑甚至也复制消化器官的感受，并因此而产生了奇特的疾病——例如，有一个女人在中风之后，感觉她所吞咽的食物经过她的喉咙掉落到她左臂上一个并不真实存在的小孔里，这种内在虚像世界的错乱令人坐立不安。大脑边缘系统也能够塑造我们的世界，我们的情感世界其实就是一片由神经所造成的幻影。

因此，现实远非我们想象的那么客观。没有哪个人生活在相同的情感世界里，每个人都活在自己独一无二的世界里。因此，我们每个人在早晨睁开眼睛所看到的世界，可能是其他人所完全无法理解的。在看到一个有魅力的男人时，有的女人看到的是想将她占为己有并且扼杀她的创造力的男人；有的女人看到的是需要她照料呵护的孤寂的男人；也有的女人看到的是这个男人中意的爱人配不上他，必须将他勾引过来。她们每个人都清楚自己所看到的是什么，而且对这位站在她视网膜前、自己幻想世界里的人，也从不怀疑其身份。由于人们信任自己的感官信息，因此每个人都会宗教狂热般地相信自己的虚像世界。

很少有人能够了解自己的主观意识占了多大成分，也很少有人知道，眼前一切事物就好像印度教的空幻境界——虽然这个世界的广袤斑斓堪称神来之笔，但毕竟仍然只是个缥缈幻境。美联邦的最高法院法官罗伯特·杰克逊（Robert Jackson）在改变法律观点时曾说过："我现在对这件事的看法，与我过去对这件事的看法已经大相径庭。"只有具有非凡智慧的人才能对自己的心智提出强烈的质疑，才能够说出类似上述这般话。

6

爱如何改变我们的现在及未来

时间是7点15分，医院笼罩在昏暗的暮色中，就在这时，有一个男子走进了急诊室。他看上去五十多岁，大腹便便，脸色苍白，喘气急促。他向前台人员说他胸痛，胸骨后阵阵剧痛令他难以忍受。分诊护士立刻把他的生命体征记录下来：心跳、血压、呼吸频率，这些身体机能的数据全都高于正常值。他穿上医院规定的卫生衣后便在轮椅上躺好，等待实习医师把心跳监视器准备妥当。

假如现在有任何一条心血管遭到血块或胆固醇凝块堵塞，就会导致他的心脏部分死亡，那样的话他就必须住院观察，而护理人员则会尝试用先进的医疗设备来抢救他的生命。不过，和大部分的案例一样，可能导致他这种症状的病因不止一种。有十几种疾病都可能成为引发这种症状的诱因，而其中大多数的危险性并不太高——有可能是身心的昼夜劳累、心情的烦闷焦虑，也许是身体的某处肌肉拉伤，甚至可能是因为一小块咀嚼后未经消化的牛肉。假如每个有胸痛症状的人都可以直接住院的话，那我们的医疗体系就会比现在更快地濒临破产。临床检验不是决定性的，无法准确地确定病因。医生必须根据这种模糊而指向不明的证据作出专业的判断。这种情形每天都会遇到千百次。医生必须充分利用有限的资讯，来准确判定患者是否真的是心脏病发作。

几个世纪以来，医生一直致力于这个问题的研究，并大范围地搜集心脏病的各种微弱细小症状甚至复杂神秘的征兆。医生需要清楚地了解心脏病发作时是什么样的状况，这种病症发生的过程，在哪里发生，发生的原因，以及处于何种情形的人发病的风险最大。不过，检测心肌梗死的医学技术还不够完美。加利福尼亚大学圣迭戈分校急救医学系的威廉·巴克斯特（William Baxt）教授希望通过计算机助手来提升医生对疾病的诊断能力，因为计算机助手能够学会辨别心脏病发作时的症状以及其他类似心脏病发作的症状。巴克斯特把356位病患的病例分别输入计算机程序当中，通过对比发现，在对320个胸痛病患的诊断中，医生作出正确判断的比例为80%，而计算机诊断的准确率则高达97%。

人与机器之间的分工通常建立在满足双方需求的标准之下。计算机能够不断重复同一项运算工作，这种枯燥乏味的机械式工作往往是人类不喜欢的。超级计算机在棋坛上崭露头角靠的是机械组合的能力，并非技高一筹的策略。计算机虽然是强大的计算机器，却无法真正领悟比喻的意义、概括情景喜剧的生动剧情，也无法遛狗。因此，我们不禁疑惑，这样短短几百行、对心脏的生理结构毫不了解的程序语言，为何能够在医学诊断的准确率上远远超过人类医生呢？

人类有两颗心——第一颗心是一团拳头般大小在胸中跳动的肌肉，第二颗心则是一群相互连接的神经元，能够使人产生感情、渴望以及爱。这两颗心暂时在此交会，因为判别心脏问题的那个程序就是一个*类神经网络*（neural network）——这是个诗意的名称，因为那个程序不是神经也不是网络体系，而是一连串的模仿大脑运算能力的数学公式。

类神经网络的运作方式极为别具一格。标准计算机软件运行所运用的专业知识、运转操作程序以及各种响应，其实都是人类大脑所事先设计好的。这种程序无法解决设计者在此之前不能预见的情况；一旦编成之后，程序本身是不会改变的。然而，经过别出心裁巧妙设计的神经网络中枢，却能够从经验中不断学习、蜕变——这种能力是由一个小程序产生的，这个小程序模拟人脑中的有机细胞之间的沟通方式。神经网络在计算出结果之前，会先从高强度的训练中汲取资讯信息，这种学习过程会渐渐改变程序的内部结构。类神经网络（又称为平行分布处理模型或连接模型）擅长将细微的模式从成百上千的变体中分拣出来。最顶尖的类神经网络在医学诊断上往往比医生更加精确敏捷，在气象预测上比气象专家更准确，在股票选择上也比理财基金经理人获取利润的能力更高一筹。

类神经网络就是机器本身的直觉。链接式程序输出答案之后，我们暂时还无法了解它的处理过程——它为何断定患者甲得了心脏病而患者乙没有。考察类神经网络本身也无法明确其判断基础。因为类神经网络采用大脑本身的信息处理机制，所以它所得到的推论结果也是错综复杂和难以分析掌握的——就如同人的情感世界。了解类神经网络的运作方式，我们就能够掌握直觉最深处的秘密，在爱中我们是受自身的直觉所指引的。

在上一章里，我们从宏观的视角研究了记忆，即人如何记忆和学习。神经网络理论则从相反的及其微观的角度入手：数学家先把大脑的记忆形成过程转化成一系列的公式，然后把这些公式在计算机上实现，这样计算机的学习能力就得以提升。他们不仅编制出了能够判断心脏病的程序，同时也彻底地改变了科学家对生物学习机制的固有看法。现在，经过长时间的发展，这项研究兜了个圈又回到了原地：蒸蒸日上的计算神经科学应用连接系统复杂、烦琐的运算程序来解决最原始的问题，探索大脑——因此也包含了人类生命——如何按照它自身的方式运作。这些发现在某种层面上揭露了边缘系统最后一项光明的力量：爱能够改变我们大脑的结构。

记忆是由什么构成的呢？

在适宜的条件下，一些神经元能够学习。会走迷宫的老鼠、会听懂命令坐下的德国牧羊犬以及会背诵林肯《葛底斯堡演说》

的孩子，无一不反映出神经系统记录并暂存信息的功能。老鼠、狗及小孩，在经过长达数年的时间之后，依然能够凭借脑中所保存完好的"资料库"来改变肌肉的收缩，这就是我们所谓的"行为"。比如，只要在美国念过小学的人都会深刻地记得《葛底斯堡演说》是如何开头的。最开始的那些词句，好像神奇的魔术师从林肯的大礼帽里所拉出的一连串的彩色丝巾一般，浮现在脑海中并脱口而出。回忆这种细微的数据堪称生理机制中一种非凡的魔咒：那一组不太可能的奇异程序就刻画在一组鲜活的细胞内。这组程序与其他数十亿个类似程序一起共同被封存起来，只要大脑一声令下，细胞便会立马将这些程序送进意识中。林肯那些令人难以忘怀的词句会永久地保留在非凡神奇的大脑细胞组织中。但是，这些又是怎么做到的呢？

所有的信息储存系统都形成了实质性的记录。詹姆斯王版的《圣经》就将它的真理以书写符号的形式记录在书页上，《蒙娜丽莎》画像以色彩颜料的形式记录在画布上；激光唱片则以晶莹闪亮的塑胶盘上的凹槽来记录声音。方式也许不尽相同，但其中的目的却是经久不变：都是为知识持久保存做好记录，从而实现知识的传承。

大脑没有书写符号，也没有颜料或者凹槽，只有神经元。所有的精神活动——思考一个定理、品尝香甜可口刚生产的圣代冰淇淋、梦到邻家的男孩——都必须由神经元启动某种程序才能做到。一旦神经元把林肯在葛底斯堡的演说词储存起来，代表这串文字的特定神经元活动就必须随之保留下来。大脑内部每分钟都会发生数百万次的神经元活动，那么其中任何一项活动又是如何完好地保存下来的呢？

记忆的蜕变

让我们来看一个能够存取感官输入的简单网络模型。假设在这个阵列里面，每一个神经元都由其微弱的突触相互连接：

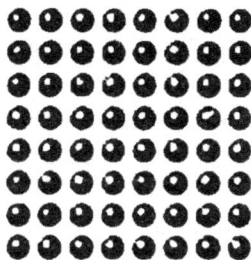

这个网络还没有使用过，里面也还没有任何记录，不过已经准备好要接收外界的经验了。

有一项感官输入来了：

钢琴家用自己的手指，把乐谱上那一连串复杂难懂的音符演奏为美妙动听的音乐。现在这里正在发生的则是完全相反的程序：大脑把丰富的感官经验转化成特殊的计数系统——没有五线谱，也没有十六分音符，此时大脑中只有神经元在发射信号。

我们不需细想这种转换中的细节——为什么是这个神经元而不是另外一个呢？在大脑中的某个区域，有一组代表感官数据的神经元阵列会进行短暂的活动。大脑需要上百万个神经元才能描绘出这样一个符号，不过相对而言，我们在这个例子里只需要用一个小而简洁的阵列就可以了——在这个神经网络中，记录这条蜿蜒的曲线只需要16个神经元。为了形成记忆，神经网络强化了这组神经元之间原本相对微弱的连接。

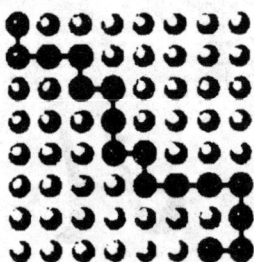

一旦物体离开视线，细胞也随之静止下来之后，残留的连接轮廓却依旧存在。

经过强化的连接能够使这些神经元再次同时发射信号，只要其中的几个产生了活动（A），其信号便会沿着先前遗留的轨迹而相继唤起其他的神经元。这些神经元就像多米诺骨牌一样，通过各个成员之间的相互配合依次向前倾斜，从而拉动全体成员一起向着目标迈进。于是先前模式便会再次出现（B），从而唤起先前对于那个字母的记忆。

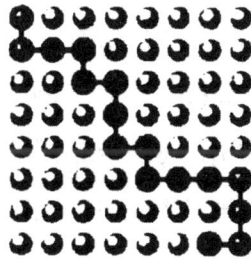

A   B

这种储存方式是由心理学家唐纳德·赫布（Donald Hebb）提出的，对后来的研究工作有很大的启示和指引作用。赫布是在第二次世界大战结束后没过多久就提出这项机制的。不过，直到过去15年，研究者才着手探究其中的数学基础，并因此而创造了大型的具有赫布型学习能力的计算机模型。这两项研究成果——数学上的深刻见解及其在计算机仿真领域的应用——使我们对人类思考与感受的形成原因有了更深的认识。

赫布的中心概念之前只是未经证实的理论，直到对个别脑细胞进行电子测量的实验技巧问世以后，情况才发生改变。在一项令人振奋的对数学的抽象理论所进行的实际验证中，数据显示，活跃的大脑中的神经元的运作方式的确和赫布预想的一样。大脑通过巩固强化同时发射信号的神经元之间的连接来形成记忆。

这本书中有印刷字体的书页也许可以完好无损地保存数百年，激光唱片的保存期限长达一二十年，而一般的蚀刻草图则最多能保存十多分钟。神经元"开启"的状态只能停留千分之一秒。其信息持续时间较为短暂，因此迫使大脑必须将目前正在接收的信息与过去的信息加以对比、区分。在任何时刻，发射信号的神经元精确配置，明确规定大脑现在正在反映的信息。至于过去的资讯，则在网络结构中闲置着，由不同强度的连接所构成。这些静默不动的连接，在某种程度上代表先前保存下来的组合可能随时被唤起而产生回忆。这种区分过去与现在的方式，使神经网络成为一个活跃的、独具特色的时间机器。

我们生命中的每一刻都会影响大脑，从而改变其中的部分连接，只不过个别信息的影响是极为细微渺小的。随着各种细微变化的日积月累，经验就跃然而上，重新整合大脑内部的微观结构而将过去的我变成现在的我。大脑是个具有强大功能的小型转换器，能够将它所接收到的感官经验统筹转变为不断演变的神经结构。无关紧要的事件只会在少数极其边缘的神经连接中造成短暂的变化，而重要的经历则会变成能够迅速恢复活力的永久存续的模式。

而具有编码功能的大脑边缘系统，则可跨越不同心灵之间的界线——这是一个具有极其深远影响的事实。

回　声

只要建构一个神经网络并使其开始运作，其独具特色的记忆机制就会产生分裂效应。只要神经元共同发射过一次信号，彼此之间就会产生较为紧密的连接，以后就会相对容易地再次共同发射信号。从未同时启动的细胞则会开始相互压抑排斥，原本质量相对平均的神经网络就会自动分裂成许多意见不统一的小团体。同一个集团里的成员之间会相互闪烁信号以便能够一致地发射信号。敌对集团也会奋力争抢活动机会。单一的神经元随时都会收到同伴的刺激信号以及来自敌方的压抑信号，每个细胞都会在这种交换正反信号的过程中寻找属于自己的活动层次。于是，神经网络便会成为一个由各个活跃的以及不活跃的神经单位所构成的整体。神经网络最稳定的时候，就是其中一组神经元在发射信号的时候，即有一组神经元获得胜利的时候。

在我们的大脑里，有些神经元从一万个其他神经元中接收输入的信息，也可能将输出信息传输给另外一万个神经元。在信号如此广泛传播的前提下，我们如果简单地把它假设成为一个完全相互作用的整体，也不是太离谱的事情。不但同一组细胞会彼此激励鼓舞，大脑中彼此相容的网络也会相互鼓励。同样的道理，彼此不相容的网络会相互竞争、相互排斥或相互压抑，这种广泛交流所造成的不可预知的结果，就是情感记忆并不遵循时间直线型的流动方式。

一个网络一旦开始活动，就会立刻传送电子信号给其他相容的网络，于是这些网络按照与其相似的程序开始活动。如果网络A发射一个信号，而网络B与网络A具有高度相容性，则A就会激发起B的活动。这种相互激发的作用会持续地传播开来：B启动后，与其相容的网络会随之启动，相同的程序便会开始不断地重复。就像湖面上泛起的涟漪一样，记忆网络会顺着相似的路线进一步扩散，相容性最高的网络被唤起而开始活动，相似性越低的网络所受到的影响也越小。

例如，在脑中想"狗"这个单词时，代表"德国牧羊犬"与"金毛猎犬"这两个词的大脑回路也就跟着进入待命状态，代表"散步""骨头"与"跳蚤"这几个词的回路所呈现的反应较为微弱。"狗"一词的强势启动使"共同基金"这个词的神经回路保持在"冬眠"的状态（除非有某种罕见的特殊关联，比如说，你的爱犬菲多刚好在今天把你得到的佣金凭证一口吃掉了）。计算机的神经网络遵循此种运作方式，人脑也是如此。一个人如果看到"狗"这个字，的确会对"骨头"或"跳蚤"等词产生较快的反应，但对"共同基金"一词的反应速度却是保持不变。

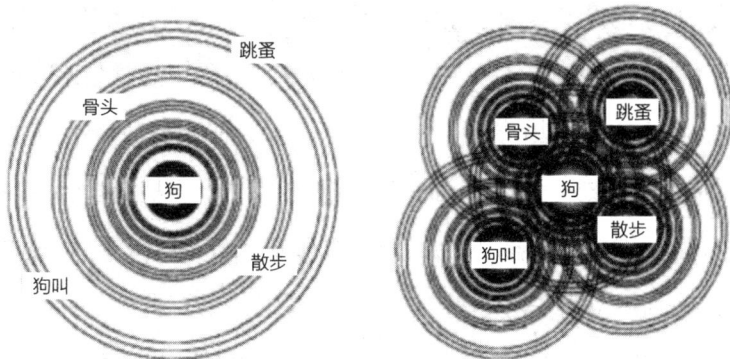

对于自身拥有大脑边缘系统的动物来说，情感活动便是此种联合网络的一个主要层面，就像"狗"唤起了"骨头""散步"以及"跳蚤"，一种特定的情感也能够唤起先前的经验记忆。每一种感受（在第一次之后）其实都是多层次的经验，只是部分地反映了目前的感觉器官所感受到的这个世界。

我们在第3章里提到过，情感的消散——其稍纵即逝的特征与音乐的特性相似。现在这个比喻则更加贴切了。音调能够使物体依据频率而产生振动，这种现象称为共鸣共振。女高音只要唱出某个音高适当的音，就能够使坚固的玻璃酒杯因为震动而碎裂。我们脑中的情感之音也会以同样的方式与过去的经验建立活跃的和谐关系。大脑不是由一根根的弦线组成的，而头颅也没有能够振动的纤维。不过，在神经系统里，信息会沿着相容的神经网络之间的连接而进行传递。情感的弦一旦被拨动，就会唤起和过去同样感受的记忆。

这种交互唤醒记忆的表现之一，就是情感记忆的即时选择性。快乐的人自然会时刻回忆起快乐美好的时光，而忧郁的人则会不知不觉地回忆失去亲友、遭人遗弃以及绝望的时刻；焦虑的人时常想着过去所受到的威胁欺压，偏执狂则特别容易记起遭受迫害的时刻。假如某一种情感在你脑海中产生特别强烈的冲击，那么其他不相容的网络就会受到压制，以致那些网络中的信息完全无法获得——完全清除了与自己的经验所不相容的那部分经历。在那个人的虚像世界里，这些过去的事件相当于没有发生过。在旁观者看来，他好像忘记了自己人生就像月有阴晴圆缺一样是有悲有欢有离有合的。严重忧郁的人会"忘记"自己以前无忧无虑的快乐时光，并且在别人善意提醒时还会对此拼命否认。愤怒赋予人同样愚钝的仇恨，有时候也会让人忘记自己曾经深深爱过的人，而毫无愧疚之心地攻击他们。

　　情感回声在大脑的神经网络里所造成的后果，不只是在某种支配性情绪下的选择性失忆。充满了苦难的幼年时期会形成无比沉重的痛苦记忆长期存留在脑海中，只要有与那段痛苦记忆略微相似的事件发生，就极有可能触发一连串令人不悦的想法、感受以及顾虑。曾经受过虐待的人，如果瞥见一个与他的经历相似的状况，便极有可能被记忆的魔爪撕扯，就好像他撞醒了睡着了的看门狗一样。一项令人伤感的实验发现，受虐儿童在观看面部照片的时候，只要看到愤怒的脸，脑波就会随之大幅度地增强。

　　有些人的情感记忆网络极易唤起包含负面情感的信号。这种人只要一出现不愉快的情感，便很难将它们抛到九霄云外。这种情感不但不会像正常的情感一样在几分钟内迅速消退，并且还会伴随着其他相似的记忆，而在接下来的几天内占据他心灵的全部空间。这种边缘系统的敏感性，让人觉得他们对世间所遭受到的种种苦难几乎都无法承受。

情感回响过度并不是无药可医的：有些精神药物具有与钢琴的减音踏板一样的功效，能够缓和并且控制住振动不绝的神经网络。目前还无法得知这些药物为何会拥有这种功效，不过这种药物对于情感虚像世界的影响如同我们预期的那样：情感之弦的振动越来越低，而且消退得也越来越快。对于边缘系统网络过度敏感的人而言，这种药物的缓解作用可能会拯救他们的性命。

比如，有一个人说，她只要遭受一点小小的挫折，在接下来的几天内就会反复思考、纠结。她说："我知道这么做完全没有道理，那天我的老板只不过在我的报告上改正了一个错字，我脑子里乱七八糟的想法就全部涌出，停不下来了：他认为我能力不足，我的工作业绩不佳，我会被炒鱿鱼。我知道这一切想法都很荒谬可笑，因为我是他手下最好的经理，可是只要出一点小问题，我就会摆脱不了这种杞人忧天的感觉。"由于对别人的轻忽怠慢极为敏感，她不敢与人亲近交流。她的伴侣不论多么小心翼翼，都不免会说出让她感到受伤的话语或做出令她受伤的事，而她会因此而郁郁寡欢好几个星期。她说，对她而言，与人交往就如同光着脚跳舞——她的脚趾迟早会受伤，因此只好选择逃离。

在她服用了少量药物之后，情感活动便降到了正常程度。她这一生中第一次感受到那种轻微痛苦的程度，她低落的心情只会持续半小时左右，然后她的生活便又可以恢复正常了。"难道别人的生活都是这样的吗？"她不解，"难怪他们能够从容自若地与人交往。"受伤害的程度降低之后，她也准备好接受爱情了。就像她所说的，她现在不再是光着脚而是穿着鞋跳舞了。

道路蜿蜒曲折

当神经网络对这个世界有了更多的了解之后，它接踵而至的古怪行为和奇怪想法便会让人生爱的体验变得混乱不堪、错综复杂。

下面是首次收到感官输入之后的神经网络：

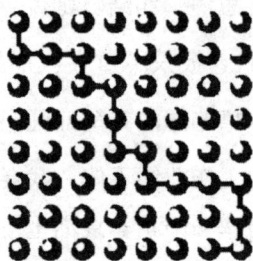

第二次类似输入之后呈现的图形——

——神经网络再次将那些特征拆解并转化为一组同样闪烁的神经元。由于第二种情况与第一种情况极其相似，因此其神经元的排列则与前一种排列产生大量的重叠。

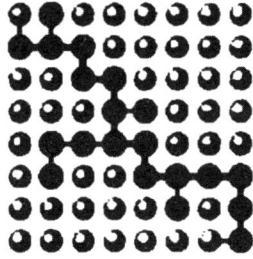

赫布机制强化了这些连接：

如果我们向这个神经网络又展示第三个、第四个类似的图形，同样的程序就会重复进行：记忆这两个图形也使用了许多相同的神经元，而这些重复使用的神经元之间的连接也逐渐变得更加紧密。

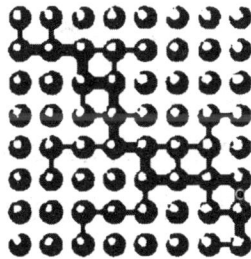

当神经网络在存储了这四组信息而进入休息状态之后，神经记忆的奇妙属性就会渐渐展现。首先，我们大脑中的记忆不是固定不变而是具有流动性的，就像松鼠把松果分别藏在不同的地理位置以免遭到偷窃。大脑也将记忆从许多单个的连接中分散，分散的好处是安全可靠，坏处则是容易失真。大脑可能会丧失一些神经元，而之前保存的信息并不会轻易受到损失。我们把神经网络记忆的这种特质称为*良性损耗*（graceful degradation）。不过，随着新信息不断地涌入网络中，有些旧的连接也会随之土崩瓦解。互异的信息模式由于依赖不同的神经元组群，因此能够在大脑中和平共处、互不侵犯。但相似的信息模式却会相互排斥、互相争抢、彼此重叠，也会不可避免地抹除或改变彼此之间的连接。

我们脑中所记录的过去，不是像我们所想象和期望的那样，如同刻入石头般深刻而无法磨灭。相反，每个人的过去都如同一个个沙丘，在时间与经验的风化与腐蚀之下便会逐渐发生变化。我们的记忆从产生的那一刻起，就开始不断地发生变化，因此我们不可能从中取得最原始的资料。

目击证人的证词经常容易出错，就是这种记忆产生变动后所造成的结果之一。大多数人其实都无法记得事情发生的确切经过，但是他们自己没有意识到这一点。许多研究发现，人在回忆自己耳闻目睹的事情时，会受到之前或之后事件的影响，以及问题中所带有的偏见或者暗示的影响。导致的结果就是事实、想象、暗示以及影射相互混杂，但感觉上却如同是精确无误的记忆。心理学家迪克·奈瑟尔（Ulric Neisser）在1986年挑战者号太空爆炸之后的第二天早上，与44位学生进行当面会谈，询问他们刚听到那个不幸的消息的时候人在哪里。而当他在两年半之后又对同样的人询问同样的问题时，则没有一个人前后两次的答案是相同的，而且第二次的答案中有整整1/3的人的答案错得离谱。这些学生确实不知道他们的大脑会编造假的记忆，许多学生还坚称他们后来的错误记忆才是正确的。奈瑟尔表示："就如我们所知，最原始的记忆已经完全消失了。"

在神经网络中，新的经历会使旧的记忆模糊不清，反之亦然：旧的记忆也会干扰到新的记忆。经验有条不紊地对大脑进行排列重组，过去的经验则会影响未来可能有的经验。

在我们刚才举例的这个网络里，有一组神经元因为有共同的连接纽带而显得特别突出：它们共享经过三四次的重复强化的连接。

这组重复强化的连接储存了四次信息输入共有的元素。把看过的四个符号融合起来，它们的内容就很清楚了：

H

这个合成图形保留了前四者共有的特点——两条垂直线，由一条水平横线连接在一起。之前四个图形所各自拥有的要素，如衬线和曲折的线条，则变得较为模糊，并且可能完全被清洗掉。虽然那四个图形都是单一的串行数据点，但在神经网络中记录得最为清楚的，则是它们的共有特点，也就是它们所展现出来的倾向—— 一个拉丁字母"H"。就这样单纯地看过几个书写范例之后，神经网络就自动把它们所共同隐含的H这个特点从中萃取出来并加以强化。

原型萃取——从各种各样、乱七八糟的经验中萃取出纯粹的令人兴奋的法则——是神经记忆自发进行而无法避免的结果。我们用不同的词语标示"记忆"以及"凝结"，但它们在我们的脑中实则是一体的。人类思维的构造也就相应地形成了。

下面就是一个已建构出原型的神经网络：

现在给神经网络展示第五个图形：

这个图形与网络中的原型看起来极为相似。当神经网络试图处理这个最新输入的信息时，时光倒流，图片真实性遭到破坏。

第五个图形触发了几个原型神经元，不过，它们之间共同的连接作用马上就产生了反应。原型组合中的神经元就像运动场上的灯光一样，顿时大放异彩。

A组合轻松地盖过了记录第五个图形的神经元组合。随着A组合的又一轮重新启动，神经网络偏离了现实的轨迹。现在的神经网络里正在记录的，则是现在的图形与过去的原型所混合形成的物体。

在神经网络看来，第五个图形也是H——两条倾斜的垂直线和低垂的水平线之间的关系，几乎和原型所呈现出来的一模一样。这些对实际模棱两可的感官输入信息的诠释性的变化，来自活跃的大脑自身所拥有的奇特记忆机制。

原型组合扮演了吸引子的角色——也就是一组根深蒂固的连接，它能够盖过较弱的信息模式组合。如果新输入的感官信息激活了吸引子组合当中相当数目的神经元，那么组合里其他的神经元也会随之启动，大放异彩。吸引子能够完全盖过其他的组合，因此虽然其他组合也会留下看起来较为微弱的痕迹，但神经网络记录的却是吸引子璀璨耀眼的光芒。于是神经网络就会记录新的感官信息，仿佛新的感官信息与过去的经验相符。在正午的天空中，太阳那耀眼的万丈光芒也是以大致相同的方式盖过了无数闪烁的群星。

神经网络吸引子使得人类能够看懂自己手写的字，手写体字母奇形怪状，和一年级学生努力模仿但成人早已丢弃的整齐的笔画大为不同。对神经网络而言，把手写符号转译为英文字母，仅仅需要那么几毫秒的时间，但对于一个没有事先经过吸引子修正和界定过真实状况的计算装置而言，却是非常艰巨的任务。反过来，吸引子则使校对工作对神经网络处理器来说显得极为困难。例如，在句子当中看到"taht"时，通常会激活大脑中根深蒂固的吸引子，从而将之视为"that"。在大多数情况下，大脑会直接接收到经过自动更正过的"that"，没有意识到文本中还存在的错误，从而没有将其加以修订。

你可以验证一下自己的脑中是否存在与现实背道而驰的吸引子。

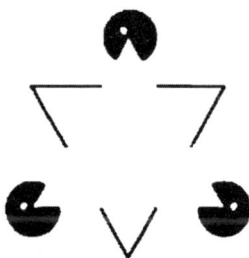

这是一个卡尼莎三角形（Kanisza triangle），不过其中的三角形纯粹是一个幻影：图中只有三个缺角的圆圈，共有六个片段的图形，根本没有三角形。但是，我们的大脑却情不自禁地认为有三角形的存在。这是因为，这些暗示性的"冒充者"共同激活了脑中代表线与角的神经元组合。试着只看图上真实存在的图形，你就会发现，被大脑所坚持认定的较为简单而不够准确的世界所掩盖住的事实原来的真相。

我们再来看看下面的图形：

TAE CAT

图中两个词的中间"字母"是同一个不好确定的模棱两可的图形——正是之前的神经网络所看到的第五个图形。对第一个词，大脑中代表"THE"一词的吸引子将模棱两可的图形解读为"H"；而对第二个词，大脑中的另一个吸引子则会将同样的图形解读为"A"。虽然单就图形本身而言，"TAE CHT"也是一种极为可能的解读方式，但是很少有人会这样去看、这样去想，就是没有人会发现真相："T?E C?T"。

爱因斯坦的相对论证明了质量的局部集中会扭曲空间，使邻近物体运动方向发生形变，甚至使光线的轨迹发生弯曲。他认为，空间结构并不像桌球或保龄球道那样坚硬稳固，完全不受在其表面上移动的物体影响。相反，空间就像一片绷紧的橡胶，受物质的压迫而弯曲变形——因行星豌豆大小的质量而轻微凹陷，因恒星巨大的密度而深深凹陷。

大脑习惯于将经验凝结转化为吸引子，因此心灵就成为爱因斯坦理论中易弯曲的凹凸不平的表面。在每个力场的凹陷处底部，都存在着一个吸引子，将思路的直线变得弯曲，并且任何太过接近的信息模式都会使其更加扭曲变形。甚至时间在质量的附近也会发生改变，就像它在强大的吸引子附近一样。

对于时间、心以及心灵，华莱士·史蒂文斯（Wallace Stevens）

如此写道：

> 在胸口跳动着的是时间，撞击着心灵的
>
> 也是时间，静默而骄傲，
>
> 心灵知道自己被时间毁坏。
>
>
> 时间是一匹在心中奔腾的马，这匹马
>
> 在夜里奔跑而无骑士驾驭，
>
> 心灵静静地听着它奔驰而过。

如果时间是在心中狂奔的一匹马，那么每个吸引子就是马在路上所遇到的一个个弯道。大脑一方面在目前的感官信息中进行筛选，另一方面也在启动先前的知识结构，而这些知识重启后突然展现的活力在神经网络里来回穿梭。旧的信息重新活跃起来，因此人们能够记起他们以前所知道的事。由于人天生是有神经系统的动物，因此过去的经验在他们身上悄悄地活跃着。

大脑边缘系统蕴含着在生命的早期就形成的情感吸引子。掌管着感情世界并指导人际关系的神经系统也在那时就产生了最初的偏见。假如大脑边缘系统的网络最早所经历的是健康的情感互动，那么它所形成的吸引子就会充当可靠的引路者，能够带领人们建立良好的关系。假如儿童从小所经历的爱是不健全的，他的吸引子便会将这段经历记录下来，并迫使他成年后的感情关系模式遵循着此种模式而进行下去。由于人的头脑带有赫布式的记忆以及边缘系统的吸引子，因此即使在他周围的世界出现剧烈的变动时，他对世界所产生的情感经验也不会因此而发生改变。他可能陷入困境，像许多人一样，困在自己数十年前所建构起来的虚拟世界中——而且，正如马克·吐温（Mark Twain）所说的那样，人的想象力一旦发生偏差，便不再相信自己眼睛所看到的。

边缘吸引子造成情感生活中一种令人爱恨交织的特性——"移情"，弗洛伊德用这个词来描述人类有时会将某些人当作他以往生命中极其重要的人物。弗洛伊德认为，移情作用生动地证明了受压抑的记忆仍有可能逃脱出来从而对目前的生活产生影响，让眼前的天使因为过去恐怖的恶魔而失色，或将眼前的恶魔看成过去的天使。

科学的探索能够用同样不可思议的真相来取代谬见：移情作用的存在是因为大脑用神经元记忆。任何按照赫布式模式来进行处理的系统都会造成同样的扭曲，不论这类系统是生物还是机器。计算机的神经网络程序所形成的记忆机制，是将经验简化为简单的，偶尔可能会有谬误的预期，我们的大脑也是如此。

因为人类用神经元记忆，因此我们倾向于看到更多已经见过的东西，更经常重新听到已经听过的声音，想到经常思考过的问题。我们的心灵由于信息惯性而负担过重，而这种惯性迅猛的活力并不容易降低。随着我们年龄的增长，惯性的力量也会随之增强。下面是两位神经科学家的沉思：

我们在科学研究中发现，只有研究生才能理解新的理论，并且因此产生知识上的彻底改变……相反，资深教授则深受连接惯性的困扰和拖累，对新的观念无法产生明显的反应，只是偶尔不明不白地兴奋一下。

不同世界的交融

没有人能够在思想中排除吸引子的影响，因为吸引子本身就根深蒂固地存在于思想结构中，而且对人类而言，吸引子的影响力并不仅仅局限于其最初阶段的心灵。大脑边缘系统会大大扩充吸引子的影响范围，有如新星产生时不断膨胀的气罩。边缘共振以及调节机制把不同人的心灵连接在一起，让他们的心灵能够交换具有影响力的信号。因此，每个人的大脑都是信息共享的局域网络的一部分——包括吸引子也能共享。

因此，边缘吸引子施展的扭曲力量不仅影响产生它们的大脑，而且也影响其他人的大脑边缘系统神经网络——唤醒他们网络中相容的记忆、情感状态，以及建立关系的方式。吸引子的影响力经由大脑边缘系统传播发散出去之后，一个人便能够吸引别人进入他的虚拟情感世界。我们每个人一旦与别人建立了某种关系，就会强烈地感受到对方情感引力的影响，但同时我们的情感活动也会反过来影响对方。所有的关系都如同双子星，是不同力场之间的强烈交融，我们散发出同时又感受到、感受到同时又散发出深刻而古老的影响力。

雷切尔·奈欧米·雷蒙（Rachel Naomi Remen）在她所著的《餐桌上的智慧》（*Kitchen Table Wisdom*）一书中，描述了她自己与另一位权威人士之间的典型的心理冲突。她在青少年时期行为笨拙、貌不出众，因此她与一位表姐的关系的焦点就是对方是否能够接受她看起来不讨喜的粗陋笨拙。在雷蒙博士长大成为一名优雅知性的女士之后，仍然无法摆脱掉她表姐先前对她的看法。只要在表姐面前，她的行为就会恢复年少时期的笨拙：走路会跌倒、吃东西会滴洒在衣服上、在餐厅里会惊慌失措到把皮包里的物品散落一地。我们内心对于别人的看法"可能会在与别人相处的过程中反射到对方身上，并且可能对他们造成我们无法完全了解的影响"。她如此写道："这些年来，我开始猜想这种影响有没有可能是通过更加直截了当的沟通方式产生的，就像我表姐一样，以一种神秘却又鲜明的方式与我分享我在她心中的形象。"

由于大脑边缘系统会将吸引子的影响力散播出去，因此人的个性中有些部分是可塑的——我们日常的神经活动有一部分是由我们所依恋的特殊的人触发的。在想象的世界里，自我仿佛是一艘骄傲而宏伟的船舶——虽然遭受外界风浪的影响，但船上充满巍巍耸立的桅杆、帆桅杆、横梁，相当坚实稳固。我们根本想不到自身的个性居然会像大海一样变幻莫测。

E.E.肯明斯（E.E.Cummings）如此描写爱人形塑我们个性的力量：

你的返乡即是我的返乡——

我的所有自我与你同行，只有我独自留下；
犹如梦幻模糊幽暗的肖像，或是

（一个某人总是什么人都不是）

什么也不是的人，在他们与你回来之前，
消磨着他永恒的寂寞，
梦想着他们的眼睛看见了你的早晨，

感受着他们的星辰在你的天空中升起……

　　边缘吸引子的影响力可以超越时间的限制。根据神经元组织的用途大小而决定加以强化的程度，是神经网络不可或缺的特性。对一件事，从事、思考、想象概率越高，你的心灵就越容易重返代表这件事的神经元组织。一旦该回路得以经常使用，那么思绪就能够畅通无阻地由此通过，而且这种心路历程就会成为你生命中的一部分——成为你的语言、思想、行为或态度上的习惯。持续受到某人的吸引子的影响，不仅会激发自己脑中的神经模式，而且还会强化它们。长久共处，会对极其坦率的人的大脑造成永久性的改变。

人与人建立关系之后，他们的大脑便开始互相影响，心也会随之相互改变。身为哺乳动物和神经动物的最大特点，就是拥有边缘修正能力，这种力量使我们能够改变我们所爱的人的情感活动。当我们的吸引子启动某些大脑边缘系统路径时，大脑中不可阻挡的记忆机制就会强化它们。

我们的个性以及自身未来的发展，有一部分将取决于我们所爱的人。

7

爱如何塑造、引导及改变儿童的情感心理

当约翰·华生医生搬进贝克街221B 的公寓时，他随手拿起新室友的一本杂志。其中黑色标题为《生命之书》的一篇文章在目录处被做了标记，在那篇文章里华生读到了以下对所谓的科学推理的解释：

逻辑学家不需要亲眼见到或者听说过大西洋或尼加拉瀑布，他们从一滴水中就能够推测出它们有可能存在。所以整个生活就是一条巨大的链条，只要见到其中的一环，整个链条的情况就可以推想出来了……一个人的手指甲、衣袖、靴子和裤子的膝盖部分、大拇指与食指之间的茧子、表情、衬衣袖口等，以上所说的每一点，都能够明白地显露出他的职业来。如果把这些情形联系起来，还不能使案件的调查人恍然大悟，那几乎是难以想象的事了。

"真是废话连篇！"华生说，将杂志往桌子上一丢，"我这辈子都没见过这么无聊的文章。"华生后来发现文章的作者竟然是大名鼎鼎的超级神探夏洛克·福尔摩斯，此人的辉煌成绩需要他终其一生来记录。

福尔摩斯喜欢这样的挑战——即你"不得不根据结果推理出导致结果的原因"——而任何试图追踪情感的心路发展历程的人都要正视这个挑战。边缘系统侦探不是由指甲或裤子膝盖部分开始破案，而是由明显的情感特性入手——慢性抑郁症的倾向、无法坚持自己的意见、终生喜欢不专注的伴侣。侦探的任务就是构想出一个事件的先后顺序，这个顺序要能够说明一个人的情感中这些属性的存在并和这些属性完全一致。

那么人格是如何形成的呢？婴儿在其大脑发育时会经历惊人的蜕变。生为大眼睛动物，他天生就具备阅读情感的本领，不久之后，他就会发展出复杂的情感特性和技能。与众不同的鲜明的特性就像指纹一样开始形成，如此明显，我们可以感觉到这个人心理的脊状纹和螺纹。当我们遇到一个成年人，我们不需费多少力气就可以看出他是慷慨大方还是吝啬小气，是奸诈还是可信赖，是令人生畏还是阿谀逢迎。我们可以看出他是否有能力去信任、去竞争、去了解自己和他人、去爱。大脑边缘系统是如何凝聚成一个连贯的结构的呢？如果这些情感开始时只是弥漫性的神经倾向，那么婴儿又是如何成长为一个人的呢？

福尔摩斯认为，他可以舒适地坐在椅子上侦破大部分的案件。弗洛伊德和福尔摩斯生活在同一时代，而且是其追随者。他与福尔摩斯看法相同，而且很可能是在模仿福尔摩斯的做法。基于他的推理技能和坐在"分析沙发"上得来的线索，弗洛伊德建造了情感发展理论这一巨大而华丽的"宫殿"，发现了塑造儿童心灵的动因。弗洛伊德对自己的理论体系非常自信，同样，福尔摩斯对自己敏锐的观察力也非常自豪。

然而不幸的是，福尔摩斯探案法虽然非常有趣，却是虚构且在现实生活中不可能存在的。手法敏捷的魔术师从他的助理耳朵里变出一张一百美元的钞票，并不代表他凭空造了一张新的纸币；这张钞票是他原本就放在那里的，他一直都知道钞票在那里。同样，福尔摩斯狡猾地从扑朔迷离的案件中找到的破案线索让华生瞠目结舌、惊奇不已——每一幕这样的场景都是作者刻意设计出来的，因为作者事先就对罪犯的性格以及其犯罪行为有所了解。作者清楚地知道，如果要让情节顺利进行，那么他的主人公就要从成百上千的线索中抓住正确的那个。

例如，在"波希米亚丑闻"一案中，福尔摩斯观察到华生的鞋子侧面有几处刮痕。从这条线索，仅仅从这条线索，福尔摩斯就推断说华生刚从泥地里走过，还说华生刚刚雇用了一个新的用人，这个用人在清除他的主人在漫步泥地时沾在鞋子上的泥巴的过程中，笨拙地在鞋底留下了划痕。福尔摩斯炫耀着他的演绎推论，华生则五体投地地对其进行证实。他们两个巧妙地绕过成百上千种同样可能的排列组合：有可能是华生踩到了一把耙子从而刮到了他的鞋；有可能是他喝醉了，在清洗鞋子时把鞋底刮破了；也有可能是华生把鞋子忘在了酒吧，而不得不从杂乱的壁橱里扒出一双旧鞋等。这样的可能性几乎是无限的。

福尔摩斯在检查了大衣袖子或衬衫的袖口后，就毫不犹豫地指认出凶手。他得出结论的方式如此简单且久享盛名，人们可以将其归结于一个简单的事实：他骗人。

调查情感心理的捷径被否定，造物主没有为人们提前提供答案。符合逻辑的观察者不能从成人的情感特质出发建立一条推理链，然后在时间上反向推导出引发问题的原因。这种沙发椅上的探案是一种消遣活动，这种活动建立在对事情无所不知的前提下。相反，现代人必须借助科学和科学的力量来解答心理是如何形成的及其形成的原因。

在前面四章中，我们讲述了亲密伴侣的连接，和父母和孩子关系的心理纽带的不同方面：边缘共振效应、调节机制和修正能力。在这一章中，从婴儿纯粹的脆弱性和前途的角度，我们讲述那些力量是如何结合起来并共同创造一个人和一个情感个性。

虽然每个生命的全部历史都包含其他因素的影响，但是我们在这里不会考虑它们的影响：机遇、创伤、生理疾病、智力和才能、运动能力、贫穷、种族和其他很多因素。虽然这些因素在我们所选择的生活中极其重要，但是我们的目的不是要详细地研究影响可塑心灵的每一个因素。那样详尽（而且也令人筋疲力尽）的研究会引发众人的非议，从而淹没本章的主要情节：父母的爱如何塑造一个年轻的心灵。

总体情况

一个人拥有的一切和他所知道的一切都储存在他错综复杂、互相交织的神经元丛中。这些决定命运而又微小的桥梁数量达到数十万亿，但它们只产生于两个来源：DNA和日常生活。基因代码产生神经元突触，同时经验造成其他的神经突触并对它们进行修改。

因此，大脑在硬性的限制和几乎无限自由的妥协中形成。它就像一片雪花或者是一首十四行诗，其无数的成员仍然受制于一个永恒的整体。水分子的极性约束—— 一片雪花是六面多面体，而一首十四行诗包括十四行。宇宙并不存在七面多面体雪花，或一首拥有五个四行诗节的十四行诗，但在这无数的限制内包含着无穷无尽的美的排列组合。

在大脑中，遗传蓝图指导作为各种子系统核心的粗糙神经支架的搭建工作。而DNA约束控制缤纷绚烂的细胞自由增殖设计，千亿个细胞可以自由产生。每一个大脑都拥有一个蓝图。没有哪个大脑能够玩转三个颞叶，也没有哪个大脑用嘴角上扬来表示愤怒。这就像一个经过修剪整形的花园，繁花盛景都在墙内。早期经验把神经支架可调整的轮廓修整为神经模板：在特定环境下可以微调并运行的连接和神经元的集合。遗传信息规定了大脑基本的宏观和微观组织构造，然后经验将仍然在扩张的神经支架缩小为最后的模板。从许多缩小到几个，从几个缩小到一个。

在神经模板形成以后，神经灵活性就减弱了，但往往不会减弱为零。在这里，大脑像经历永恒校订的一首十四行诗，或踏上永久翻腾之路的一片雪花，总是不断地往它的六角形翅膀上添加晶体。不断增长的经验继续塑造神经连接，从而确保一个人的性格永不停止。正如赫拉克利特（Heracleicus）几千年前所说的那样："人不能同时踏入同一条河流，因为无论是这条河还是这个人都已经不一样了。"

神经学习机制很自然地倾向于注重其青年时期的影响。年轻的大脑充满神经元，这远比其后保存的神经元多。在枝繁叶茂的神经连接削减为更为精简的模板时，大部分神经元会在童年时期消失。因为这些被削掉的细胞和连接存储着数据，它们的消失意味着大脑之前储存的信息丢失了。正如数以亿计的神经元会在大脑旷日持久的修剪阶段灭绝一样，心灵之书也有很多页面会永远消失。

那么，为什么某些神经元在生命最初的几年后还会存活，而其他大部分却会消亡呢？哺乳动物的依恋具有维持生命的能力，它反映在大脑的微观层面：这里也是一样的道理，连通性确保生存。与其伙伴相互建立强大连接的神经元——那些参与到吸引子中的神经元——会在筛选过程中生存下来。而那些没有与其他神经元建立稳固连接的神经元，会在神经模板的塑造中凋零或被遗弃。

想一想一个婴儿是如何学会区分噪声和说话时的喷喷声、口哨声、嘟囔声的。人类声带、咽部、舌头、嘴唇、牙齿、腭裂可以发出成千上万种声音——音素，这些音素完美地融合到单词中。婴儿的大脑能够听到和辨别所有可能的音素，他的基因携带这一机制的设计图。他的泛音位能力已经为他学习所有的人类语言做好了准备，但是很快它就成为对神经元的浪费。任何语言都只使用众多音位中的小部分，所有英语单词都是由40个音位组成的。因此，幼儿的大脑包含与他的母语相匹配的音位的吸引子，只有那些语音他才能正确地理解和发音。听觉经验将他的多功能支架削减成一个有针对性的模板。

在未使用过的神经元消亡之后，删节过的神经网络不再代表某些知识。日本人分不清英语中的"r"和"l"音，以日语为母语的孩子听不出它们之间的区别。法语中没有"th"的发音——法国人通常用近似的"z"来代替难以发出来的"th"音——在佩佩·乐·皮尤[1]多情的爱情表白中用了很多zee，zis和zat。法语也给讲英语的人造成了同样的发音障碍：粗重而沙哑的喉音"r"，或短促而尖锐的"u"（根本不像tube中的"oo"，或者是 unique中的"yoo"）。法语中"eye"的元音——oeil——英语从来就没有这样的发音。只有极其稀少的英国人在这些发音上符合巴黎人的要求。

这一发展进程——粗犷的支架、强力的神经元削减、专门化模板和不断进化的配置——出现在大多数神经系统中，包括边缘神经系统。婴儿的情感支架造就他的性情，并为他提供与生俱来

1　Pepe Le Pew，华纳卡通人物佩佩·乐·皮尤是一只蹦蹦跳跳的法国臭鼬。——译者注

的如阅读面部表情的能力。与父母的边缘系统接触，将他多潜能的结构锤炼成情感生活的模板——情感身份的神经元核心。一旦这个核心稳固下来，我们就可以说一个人存在了，我们就可以知道他的情感身份的个性化属性了。不断累积的经验逐渐改变他的神经配置，将他从过去的他改变为现在的他，一次改变一个神经元突触。情感身份在人的一生中都会发生漂移——如果漂移的速度够快、距离够远，你可能会发现，曾经的爱人和朋友现在变得形同陌路。

阿尔弗莱·德·缪塞（Alfred de Musset）在和小说家乔治·桑（Geoige Sand）分手很久后再看到她时，写下了如下的诗歌：

我的心，仍然满满的全是她，

仔细看过她的脸庞，才发现她再也不是那个她了……

我默默地想这是一个陌生的女人，

碰巧承袭了那声音和那眼睛，

我抬头望天，

让冰冷的雕塑从我面前走过。

在开始的时候

对情感心理最早的影响是生命起源本身：组成DNA的双螺旋结构。其中一条有义链（编码链）包含建造蛋白质指令的线性序列。它的镜像，无义链，不对任何事物编码。如果将它们俩分离，新鲜的、互补的细链就会聚集在一起：在有义链对面，与之匹配的无义链形成了；而在无义链的对面，刚刚形成的有义链也浮现出来了。即使在这个稳固的生化层面都存在着信息的二元性：实用性和诗意性。DNA双联体的一半似乎没有什么用处，尽管在生化层面没有明显的用处，但它却蕴含着无尽的潜力。无义链总是单细胞分裂，避免再生成新的实用的建造蛋白质算法而改变自我。这一神奇的特性使得DNA可以复制，数十亿年以来正是如此。在过去一亿年左右，当针鼹鼠的祖先从爬行类动物中分化出来时，成功的哺乳动物将建立了自己大脑边缘系统的基因传递下来——给了我们每一个人。

基因塑造的边缘支架决定一个人是性格内向，还是脾气火爆；同样，它也决定了一个人是身材高大，还是皮肤白皙。狗的繁殖决定其性格，通常情况下，饲养者通过性格的基因遗传特点来挑选温顺的西班牙犬和凶猛的斗牛犬。有些种类的老鼠性格急躁，急躁程度是其他种类老鼠的30倍；人类的族群也存在着同样的现象。一个人的基因决定了他可能比其他人更加开朗，而另一个人的基因则决定了他是相对的悲观主义者。一个人的性格是开朗还是忧郁，部分地取决于他所接受的遗传基因。

那么，基因是主导一切的因素吗？绝对不是。基因对性格的影响是从娘胎里带出来的。在过去的几百万年间，灵长类动物的大脑迅速扩展，这比婴儿从母腹中生出所经过的产道的扩展呼吸器官的速度还要快。如果一个婴儿在其脑袋与产道大小相宜时产出，那么其大脑只能是最终成型的一部分。他必须推迟自己神经的发育，直到离开子宫——这时，他的生理机能再也不能自主发育，而是通过在与父母共享的边缘系统连接中共同成长。然后，他的神经遗传便将受父母之爱的支配。

塑造成型

虽然基因在建立情感的某些方面很重要，但是经验在打开和关闭基因方面发挥了核心作用。基因不是决定心理命运的主因。遗传运气可能决定你手上的牌，但经验决定着你在这局游戏中如何出牌。例如，科学家已经证明悉心呵护可以改变坏脾气。因此，科学家安排特别有母爱的猴妈妈去抚养有焦虑基因的小猴子。小时候焦虑的年轻猴子长大后会变得行为拘谨、顺服。用细心呵护的母亲替代它们原来的母亲，这会改变它们的命运—— 一旦遗传决定了猴子的性格是胆小怯懦，那些得到母爱呵护的猴子则会在猴群中脱颖而出，变成主导。反过来也是同样的道理：母爱的不足会破坏健康的边缘遗传，原本拥有良好的遗传基因、可以幸福生活的猴子会变得焦虑压抑。

儿童，和他们的玩具一样，都需要相当多的配置。如果没有边缘系统交流提供的协调影响，儿童大脑就不能正常地发育。婴儿和父母交流时发出的咕咕声和嘟囔声，他们之间的拥抱，父母亲密的摇晃和温柔地注视着婴儿的脸，这些看起来司空见惯似乎无关痛痒，但没有人会意识到生命的形成过程正在进行。但是，从他们第一次相遇时，父母就指导自己孩子的神经发育。在孩子生命的最初几年里，父母将他所继承的情感大脑塑造成自我的神经元核心。

学会观察

说实话，我的眼睛并不喜欢你，

它们发现你身上百孔和千疮，

但眼睛瞧不起的，心儿却着迷，

它一味溺爱，不管眼睛怎样看；

我的耳朵，也不觉得你嗓音好听，

就是我那易受刺激的触觉，

或味觉或嗅觉，都不见得高兴

参加你身上任何官能的盛酌；

可是，无论我五种机智或五官，

都不能劝阻痴心，去把你侍奉，

我昂藏的丈夫仪表它再不管，

只甘愿做你，傲慢的心的仆从；

不过，我的灾难也非全无斩获，

诱我失足，也教会我承受苦难。

萨士比亚的这首诗中提到的五种感官现在过时了。通过分析周围神经末梢，神经学家列出一长串独立的感觉：嗅觉、视觉、听觉、味觉、轻触觉、深触觉、感受振动的能力、感受疼痛的能力和感受自己关节位置的能力。莎士比亚的确忽略了这些新的发现，但他知道更重要的东西：情感是一种不同的感官能力，是一种对感官的补充和整合。大脑边缘系统依赖传统感官的感知为其提供信息，但它把这些数据转换成一种超出视觉、听觉或触觉的品质的高层经验。情感作为一个整体——爱是其重要的因素——大于其感官部分的感受总和。

想象一下著名的内克尔立方体：

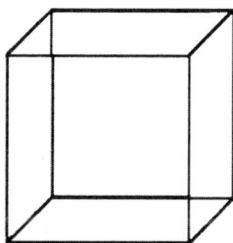

一只在这页纸上爬的二维的虫子可以列举出这个图形的主要元素：12条直线相交于直角、钝角和锐角。很正确。但是，平地上的虫子看不到其分散的部分交会在一起，从而在头脑中描绘出第三个空间维度，从页面上竖立起来又延伸回页面。因为我们的大脑是可以三维成像的，所以我们看到的远远不止十几根线条——这些线条太多了，简直令人目不暇接。现在让我们假设二维的虫子是爬行动物，线条则代表着其他生物的内在情况。爬行动物对边缘维度不敏感。情感特质将我们的生活经验从低级爬行动物的视角升华，因此，其他人的内在情况对我们也非常重要。

儿童拥有与生俱来的边缘传感硬件，但熟练地使用它就需要一个向导。必须有人磨砺和校正他的声呐；必须有人教他如何正确地感知到情感世界。我们不应该对此感到惊讶：经验对正常感官神经发育是必不可少的。如果没有眼睛输入的信息，儿童的大脑不会发育出深度感知所必需的神经系统。大脑边缘系统也需要通过正确的经验训练以实现其全部潜力。这些经验都来源于能理解他的成人。如果父母能很好地感知他们的孩子——如果他们能感应到小孩无言的内心状态并知道小孩的感觉——那小孩也将变得擅长阅读情感世界。

儿童经常使用他们的大脑边缘系统连接来调整他的印象。以下这个场景经常出现在夏天公园里：一个小孩蹒跚着走过草地，他坚信他的摇摇晃晃肯定不是异想天开。地球引力不可避免地捉弄缺乏经验的他：他左右摇晃，最终摔在地上。他立刻看向母亲的脸：如果她表露出警惕和担心，他就会号啕大哭；如果她被逗乐了，他可能对她微笑，甚至开怀大笑。他更相信母亲对他跌倒的评估，而不是自己的判断，他这样做是有充分理由的。他能感觉到他的痛苦、恐惧和失望，但无法对其进行估算。如果他跌得很厉害、伤得很严重，或者跌得不严重、伤得微不足道，他也许会意识到。但是，如果是处于这两种情况之间，他的情感反应就取决于专家的解释了。大脑边缘系统情感通达的母亲可以分辨出跌倒造成的伤害是严重还是可以忽略不计。当一个孩子能感觉到他母亲的担心时，他的焦虑程度会随着母亲的焦虑程度上升或下降。他依赖母亲就像钢琴调音师依赖纯正C调的声音一样。他将自己的感觉与母亲的面目表情进行比较和内化，儿童对世界的情感认知与母亲对世界的情感认知将越来越接近。

情感体验作为衍生物开始；孩子首先间接地感知到自己的感觉。他只有通过与其他人边缘共振才能体会自己的内心世界。最初几年的共振体验准备好了这种可以终身受用的工具。父母最重要的工作之一是与自己的孩子保持协调一致，因为父母会指导孩子对内在和外在世界的理解。孩子将会被动传承父母视野的缺陷。谐振能力不强的父亲或母亲不能传授给孩子清晰的情感知识，他们的这种不确切性妨碍孩子发展精确地感知情感世界的能力。如果父母不会或不能教授他这种能力，成年后他将无法感受到他人和自己的内心状态。大脑边缘系统的罗盘将人引向自己的内心世界，如果被剥夺，他会麻木无知地虚度人生。

在伍迪·艾伦（Woody Allen）的电影《解构爱情狂》中，出现了演员在镜头中突然模糊的情况。起初摄制组认为是镜头脏了，但是他们清洁了摄影机，然后确定是演员自身轮廓变得模糊。"我不知道怎么跟你解释，但是你……你失焦了，"一个同事告诉那位窘迫的演员，"梅尔——听我说——你应该回家去休息休息。然后看看你能不能打起精神来。"导演建议。在家里，情况得不到改善："爸爸，你整个人都看起来很模糊！"他的孩子沮丧地说道。

艾伦可以将抽象的人类心理状况具体化，同时将它们当时的那一瞬间和滑稽的一面在荧幕上演绎出来，这种能力是他喜剧天赋的核心。艾伦在这个场景中告诉我们，模糊的人确实存在，但模糊的是他们的自我，而不是他们的身体。这种人需要心理治疗，因为他迷失了自我。一些了解自我的人可能认为这种窘境非常荒谬，不能理解。但是，如果一个人连别人都不了解他，他怎么可能了解他自己呢？如果孩子的一生中没有熟练掌握边缘共振这一技能，那么他就会变得和艾伦的角色一样，心灵就会变得模糊不清，失去自我。

学会存在

婴儿生命以一种开环回路开始。母亲的乳汁滋养他，母亲的大脑边缘系统交流与其微妙的神经节奏同步成长。当孩子逐渐成熟，他的神经生理内化一些调节功能。从内到外被稳定后，他的大脑才能稳定发育。

长期缺乏父母关爱会使孩子失去大脑边缘系统调节能力。如果孩子年纪很小，这样的缺失会让他的心理发生翻天覆地的改变。长期与父母分离会对发育不全的神经系统造成致命的创伤，因为至关重要的心率和呼吸节奏将会变得混乱。如果母亲情绪忧郁，那么她的孩子猝死的概率会增加四倍——因为没有情感的呵护，婴儿很容易死亡。跟母亲关系健康的婴儿的心率比那些和母亲关系疏离的婴儿心率更加稳定，正如呼吸的泰迪熊可以让早产婴儿呼吸稳定。与父母的情感同步（或者，必要时拥有其他的情感依附）会成为婴儿心理发展的力量。

良好的亲缘关系是一种令人深感愉悦的状态，是人们在爱情、信仰、夫妻、宠物、垒球队、保龄球联盟以及成千上万种被追求这种关系的欲望所驱动的人类活动中不懈追求的。在生命早期，边缘调节并不是一件愉悦的事情，但是这是必不可少的训练。因为婴儿不稳定的神经生理系统依赖于母亲耐心的教导，婴儿首先借用母亲身上的平衡力量，然后将其变成自己的。婴儿稳定自己神经系统的方式和他控制自行车的方式相同。当他偏离中心失去平衡时，有经验的父母会纠正他的行为。经过父母反复的教导，婴儿获得了调整其姿态的能力。不需要语言、概念、思想或者理解，他的大脑前庭和运动系统就会模仿陪伴在他身边的父母之前做过的事情。

在儿童会说自行车这个单词之前（更不要提学会骑车），他会借助外部的力量来调节自己的情绪。心神不宁的婴儿会伸手向母亲求助，因为情感通达的母亲会安慰他的情绪，因为他无法自己安抚自己。经过无数次的互动，结果儿童学会了自我安慰。他的知识，像知道如何骑自行车，都是隐蔽的——看不见、摸不着，无法表达清楚，但是他拥有这些知识这一事实却毋庸置疑。

如果孩子拥有情感稳定的父母，那么他在生活中遭受到较小的打击之后，会很快从中恢复过来。那些错过情感平衡历练机会的人，在成年后的情感状态会起伏不定，就像船在风浪中上下颠簸一样。如果失去船锚的依附，他们将会反应异常激烈——没有帮助，他们将会被打回原形。一段关系的结束不仅会让他们无比痛苦，还会对他们造成重创。

跨国生活这样常见的事情可以显示这种敏感性。在很短的时间内，比读一本好书所花费的时间还短，一个人就能跋涉几千里，远离他曾经关心和在意的人和事。大脑边缘系统将会把情感迷失、失去依恋转化为常见的思乡痛苦。信件和电话是缓解伤痛的一剂良药，但不足以代替与自己相爱的人在一起时全方位的情感体验。要维持一段长久的关系，大脑边缘系统调节需要大量、真实、频繁的感情投入。

大部分心理治疗师在他们的从业生涯中会遇到至少一名灾难性搬迁所造成的受害者——第一次离开家乡的大学生、接受遥远异地的升职或调任的人——他们表面上健康的心理，由于受到地理环境的影响会出现问题。通常情况下，患者本人都会非常惊讶，他们并不理解自己感情脆弱的原因，也不明白家乡的环境对自己的支持作用。

我们所处的社会往往忽视了切断情感依恋会导致情感调节能力的枯竭。从物种最初的起源到几百年前的时间里，大部分人类一生只生活在一个社区。20世纪的典型教训就是无法预知的并发症始终伴随着科学技术的进步。便捷的交通工具极大地促进了流动性的增加，这就容易出问题，因为边缘系统调节在距离较远的地方不能很好地运行。我们拥有便捷的工具，因此可以过上到处游历的生活，但是我们的大脑并不能很好地处理这种生活方式带来的问题。

学会去爱

假设，一个朋友把你带到纽约现代艺术博物馆。他告诉你，从一座正在翻修的法国城堡布满灰尘的地下室里发现了一幅新的画作，而且这幅作品正在展出。画家要么是马奈、莫奈，或者马蒂斯——这个朋友记不清楚是哪个画家，他对法国艺术家不太了解，以M开头的这些姓氏让他发晕。这些画作展出时并没有标签。如果你熟悉三位艺术家的作品，你可以很自信地区分这些画作。

怎么区分？通过内隐记忆的灵光一闪。如果你之前已经看到过，例如，马蒂斯的作品，然后你的大脑就可以访问关于他作品的记忆原型，这个原型告诉你他的画作通常是什么样子。评论家或鉴赏家可能非常了解识别特征：构图、用光、着色、纹理、观点、主题、色彩。在这里，从书本上学习这些知识是不够的。只有运用神经系统进行一系列的观察、分析、思考，才可以判定出有些画作看起来和感觉上像马蒂斯的作品，其他的则不是他的作品。即使没有艺术史学位，当你看到一幅画作时，你也可以判断它是不是马蒂斯的作品。你观赏学习的作品越多，你的直觉就会变得越犀利。

情感知识也是同样的。在儿童生命的最初的几年里，当他的大脑从粗犷的支架发育成狭窄的模板时，他会从与人相处中萃取自己的情感模式。在儿童出现任何微弱的事件记忆之前，他已经对爱的感觉有印象了。神经记忆将这些特性浓缩成一些强大的吸引子——任何个别的经验并不能产生永久记忆，但是这些感情经验积累起来，就会留下深刻的记忆印记。这些累计的感情知识隐藏在潜意识中，悄悄地对儿童低语，告诉他什么是人际关系，它们有什么作用，从人际关系中可以得到什么，以及如何进行人际交流。如果父母以最健康的方式关爱儿童，满足他的需求，原谅他的错误，对他足够耐心，当他受到伤害时尽力地抚慰他，那么他也就会采用这些方式与自己和他人相处。异常的爱——就是儿童的需要得不到满足，或者父母对其溺爱，或者他的自主性得不到尊重——会成为他大脑边缘系统中根深蒂固的印记。那么，他也不可能健康地去爱了。

探讨如何去爱与爱谁密切相关。婴儿努力地向自己父母学习，与他们保持一致，但是他并不能评判父母品格是否优良。他只会依恋他身边的人，无论这个人是谁，而且我们认为他以后会无条件地一直依恋他：无论他是好人还是坏人，无论他是家财万贯还是一贫如洗，无论他是生病还是健康。依附的对象不需要严格的审视：一个孩子喜爱母亲的面庞，看到母亲就会飞奔到母亲怀中，这跟母亲是否漂亮无关。而且他更喜欢自己所了解的家庭情感模式，不论这个模式是否符合客观道德标准。当他长大成人时，他会更倾向于采用这种情感模式与人交往。潜在的伴侣越接近他的原型，他就会越感兴趣越着迷——他会越来越觉得至少目前他与这个人比较合拍。

就是这种依恋使熟悉比价值更为重要。金毛猎犬只有在主人面前才会兴奋激动。它对其他陌生路人却漠不关心，也许陌生的路人更善良，更热爱散步，更乐于款待它。它不珍惜他们，它不能珍惜他们。我们每个人在大脑边缘系统情感上都和那些耐心的、期盼主人的狗的处境一样。

大多数人都认可完美神经系统具有神奇的准确性这一论点。但是，有些人却不相信一个人可以扫视一群人，然后指出一个陌生人心中隐藏的私密。那么，有没有人可以在环视一群人之后，凭直觉判断出哪个人脾气不好，是个酗酒的母亲；哪个人又日思夜想，打算报复从小遗弃自己的父亲呢？你可以看看你自己的关系圈，然后作出评判。人们寻找与自己心灵契合的伴侣，而且他们能够非常迅速而又准确地找到自己的意中人，这让那些最聪明的智能导弹都自叹不如。

偏离某人的情感原型的关系在大脑边缘系统情感上相当于让人处于隔离状态。孤独带给人的痛苦超出大多数的痛苦。这两个事实合在一起就产生一个关于爱的奇怪现象，这个现象很常见，但是最初却令人感到莫名其妙：大多数人宁愿选择和他们大脑边缘系统认定的伴侣痛苦地生活在一起，也不愿意和一个他们的情感依恋机制无法探测到的"更合适"的人一起享受愉悦的时光。

如前文描述的年轻人，他每天都艰难地生活在过去经历的重演中，因为在他小时候，他的母亲性格暴躁而又挑剔。他长大成人后，他面对的是一个二元世界。他选择的女人，很有可能就会变得像他自己的母亲年轻时一样。但是，如果和一个充满爱心的女人在一起，他又会觉得无比空虚——两人之间没有爱情的火花，没有化学反应，更没有浪漫的爱情。

大多数人都会认为理想的爱情是：男孩遇到女孩（各种版本的都有），一见倾心，然后幸福快乐地在一起生活。但是，这样的故事诞生于大脑新皮质区域，这个区域运用想象、逻辑和愿望构想故事情节。在更古老、更深层、更隐蔽的大脑边缘系统中，三个独立个体共同协作，它们是依恋、内隐记忆和强势的吸引子。那么爱情故事的另外一个版本就出现了：男孩遇到女孩，而她让男孩想起了他的母亲——同样是需求感强烈，总是扼杀他的独立性。他们在一起每天都度日如年、痛苦万分，对对方的憎恨与日俱增。有些人心中童话的版本是这样的，而且无论他们是否能够找到合适的演员表演这个童话，故事的最终结局都只能以痛苦收场。

在童年时期形成的边缘吸引子很多。一段关系或一个家庭可以产生很多吸引子，正如它包含可以预见的教训一样。因此，儿童从与他人的关系中形成具有影响力的吸引子，这些关系不仅包括与父亲和母亲的关系，还包括与兄弟姐妹、保姆的关系，甚至是整个家庭成员的关系。例如，在一个十口之家里，每个成员都会发现一个事实，他们生活的世界里远远没有足够的关爱分给每一个人，每个人都需要为获得关爱而永不停歇地奋力拼搏，但是每个人的心都仍然对爱如饥似渴。最近一篇报纸专栏文章建议父母让年长的孩子和年幼的孩子自己解决争端，不做任何干涉，那么他们就会了解到在真正的社会中人们是怎样解决争端的。如果孩子父母在家里采用这种教育方式，那么他们就会准确地得出在无人监管的寄宿学校或者运动场上的规则：所谓的正义是弱小的，力量和恐吓最终取得胜利。

早期大脑边缘系统情感经验产生的后果是很复杂的：情感现实（或者它的幻觉）是互相合作的。让我们回到纽约现代艺术博物馆，你感觉那幅画看起来像是马蒂斯的作品。你那位健忘的朋友打了一个响指，说他之前记得听别人说过画家是马奈。他站在你身边，非常肯定这就是马奈的作品，这个作品的形象在你眼中开始慢慢地改变。突然间，画的颜料开始氧化褪色，线条变得模糊，整幅画作本身即使不会变成标准的马奈的作品，但毫无疑问会变得比以前更像马奈的作品。

视觉虚拟性容易受到其他人的干扰，而大脑边缘系统虚拟更是如此。每个儿童都知道，如果有人将一块磁铁放到一把沙子里，成千上万的磁性敏感颗粒——铁屑将会吸附在磁铁上，而石头的硅酸盐晶体则不会有反应。大脑边缘系统就像一块情感磁铁。吸引子激活其他人在相互关系和情感上与自己兼容的方面，舍弃那些不兼容的方面。我们每个人都会表现出一种情感的力场，这个力场会对我们爱的人施加影响，唤起我们最熟悉的关系属性；反过来，我们的心灵也会被我们身边的人的情感磁力所吸引，改变我们碰巧正在凝视的风景，用他们看到的颜色和纹理来描绘它。

男人如果喜欢性格挑剔的女人，那么他可能深陷不可预知的麻烦中。首先，他要抵制自己的感情偏好，这个偏好会无比精确地指引他寻找到一个性格挑剔的女人。其次，他的出现会放大他现任情人所拥有的威胁倾向。同样，女人选择自己的伴侣是因为他与自己的吸引子相匹配，而且她会提升自己的情操或者加深自己的罪恶，来与自己的伴侣相匹配。

从此以后……

在儿童萃取模板并形成吸引子之后，情感学习不会停止，但是速度会减缓。童年时期将感情模式刻进柔韧的神经系统，而后期的经验对人的成长影响较小。为什么会这样呢？从理论上来说，在塑造自己的感情核心方面非常重要的学习，也可以在生命的后期发生。但是，在通常情况下，人们发现童年后唯一的情感学习就是强化原有的情感基础。

然而不幸的是，大脑的生理机能及其运作方式都会阻碍成年以后的情感学习。大脑的可塑性——神经产生新的连接和学习新知识的能力——在成年以后都会下降。神经系统内部对成年以后的情感学习非常抵触。新的经验必须使出浑身解数与固有的模式进行对抗，因为已有的吸引子可以轻易地战胜和吸收相对新奇的经验。神经虚拟的本质确保它修剪现实生活产生的歧义，并将之前已经经历过的塑造成型。因此，如果孩子所了解和热爱的父母虚伪、自私又嫉妒成性，尽管孩子在20岁、40岁或60岁，可以独立做出评判和选择，但通常还是学不会用其他方式去爱。

每个儿童都会储存自己的吸引子，然后在自己神经隔音场里度过成年生活。那么，如果他的吸引子误导他，这样的问题有解决的办法吗？他能设法摆脱总是用以前的视角看待问题和总是重复自己以前的行为陷阱吗？如果情感学习出现了问题，那么人们是否可以引导它重回正轨呢？

尽管吸引子寿命很长，神经灵活性会降低，但情感心理可能在成年时会发生变化。旧有的模式可以改变，虽然这项任务比较艰巨。你可能认为我们对后期情感学习的介绍不够详尽，但是这个话题与我们的心灵联系非常密切，如果要细细道来，我们需要专门用一章来讲解。

8

如何拯救那些迷失的心灵

8

真正的发现之旅不在寻求新风景，也在于拥有新视野。
——马塞尔·普鲁斯特（Marcel Proust）

罗马的市中心有一处华美壮丽闻名世界的许愿池——特雷维，起这个名字是因为这个喷泉位于一个三岔路口。波塞冬昂首站立在金色战车上，战马拉着他在咆哮的大海中奔驰；水从岩石上倾泻而下，坠入水池深处。传说，所有过往的游客，只要在许愿池里投入一枚硬币，就有机会再次回到罗马这座永恒之城。

假如时间在此刻凝固，特雷维许愿池闪烁着耀眼的光芒，高空中的漂浮物犹如闪闪发光的宝石，在意大利蔚蓝的天空下宁静安详。

我们也许很难确定这些水珠的进化史——空中洒落的无名水珠在微风的辅助下变成了一连串的球状微粒。对于物理世界中任何一个跟力学知识相关的特性，我们都可以沿着时间的长廊，设计出一个可能以结果出现在我们面前的顺序。发展心理学家一直在探寻这个问题的答案，雨滴的演变和心情的变化都让人难以琢磨。为什么会变成这样？我们用同一个结构模型分析，将时间轴拉到未来的某个时刻，另一个完全不同的谜题出现了：这个系统的命运到底是什么？一分钟、一小时或者一年后，它的轮廓又会变成什么样？

被称为混沌理论的数学分支学科认为，根本不可能找到这个问题的答案。时间停止时，水珠颗粒落下的位置是可知的。让静止的水滴不间断地往下落，让时间流逝片刻，水珠就消散了。我们无法预见这些混合颗粒会在几秒钟后消失至何处。飘散到罗马城，或者飘散到特雷维许愿池？都有可能，但是到底在哪里？除了上帝，没人能清楚地看清整个宇宙。对凡人来说，世间无数的可能性所引发的纷争简直数不胜数。

情感心理也是这样的。如果许愿池里的水冻得坚如磐石，那下一分钟我们就可以准确地推断出水中的成分。如果水中所有组合的可能性均等，那我们就可以在永恒面前轻轻抛开双手，优雅地退场。让人困惑的是水和心灵的流动性，它们可以呈现出一系列多种多样的——但并非无限的——的形态。就像一滴海洋飞沫的水珠，情感心理的未来悬浮在静止不动的磐石和夏日自由的蓝天之间。身份可能发生变化，但是也只能在体系结构的控制框架内波动。

人们太多地依赖成人神经心理实现情感学习。一个长期受虐待、被忽视的小孩还有望过上健康的生活吗？他长大成人后会不会重蹈覆辙，继续实施那些他所熟知的原则？如果他已经有了神经障碍，该怎样对他进行治疗？因为吸引子已经准备好让他以熟悉的模式生活了，他的情感心理如何才能挣脱束缚、获得自由呢？

心理疗法每天都需要解决这种问题。治疗师不仅要识别出患者情感生活的轨迹，还要改变它。帮助他从虚拟世界中解脱出来，这意味着你要将他心中被墙壁和栅栏包围的"监狱"重塑成充满爱与生机的美好家园。为了实现这个目标，两个人需要共同努力、改变和重塑其中另一个人。

大多数人都不太相信这种改变有可能发生。心理疗法改变机制的神秘特性已经引发了足够多的派系纷争和激烈的争辩，这足以填补巴尔干半岛的历史。这就对了。治疗的核心便是人类心灵的焦点。

迷失范式

两个派别关于心理的纷争在20世纪时起时伏，纷争的喧嚣和烟雾模糊了心理疗法的宗旨。

一方面，"生物学"研究组认为，精神活动都源自大脑的物质世界。因此，精神病理学开始于生理变化：畸形的感觉器官、有缺陷的基因、大脑受损，这些都有可能导致病变。这一学派大多选择药物疗法、电流疗法以及磁场疗法。有时，这些疗法确实卓有成效。

另一方面，可敬的心理学派发现情绪干扰源于一个无形的领域，在这一领域中，记忆幽灵到处游走，感觉具有巨大的力量，人际关系命令他们遵循过去的模式。这也是事实。这一学派提倡通过一些神奇神秘的多重性心理疗法进行治疗——同样，这些疗法偶尔也会非常有效。

纷争中的各方都有支持自己观点的例证，好像一方的证据越多，规模越大，胜利的可能性就越大。但是，把精神分成"生物学"和"心理学"两部分就太荒谬了，就像把光分类为粒子或波一样。自然世界并没有做出任何承诺，也没有给出任何偏见的误导，人类自己为图省事和方便得出了这些偏见。事实上，光打乱了吸引科学家数十年的看似简单的二分法。每一次验证光粒子的实验都成功了，如同每一次验证光波特性的实验一样。但是，从理论上分析，这是不可能的。粒子和波是相互矛盾的观点，任何事物都不能既是它本身，又是它的对立面。事实上，粒子和波的概念在脑海中是可以共存的，但在自然界中却不能。这种简单粗暴的分类并不能把握住光的本质。

情感心理同样超越了将其分成心理和生理两部分的肤浅而有吸引力的二元论。物理机制产生人对世界的经验。经验，反过来，重塑神经元，神经元中的化电信息创建意识。人类需要不断反复地在永恒的大脑神经元中选择一串，并赋予其卓越的性能。在后百忧解国家，大部分人都意识到现代医药可以改变人格特质。虽然这些大有利好的发明（先进的成像技术）并没有获得相应的知名度，但心理疗法运用它们改变了人类的大脑。关于心灵的战争可以停止或休战，但这也仅仅是因为战争双方占领了所有领地。正如渡渡鸟对仙境中的爱丽丝所说的那样，每个人都赢了，而且所有人都需要奖励。

心灵和肉体的冲突掩盖了一个事实，即心理治疗同生理息息相关。当一个人开始进行治疗时，他不是要进行苍白无力的对话，而是要走进一个有血有肉、与自己息息相关的躯体。哺乳动物不断进化发展，变成了现在的形态。它们可以让自己适应其他同类发出的信号，也可以改变其他同类的神经系统。心理疗法的变革力量来自参与和指导这些古老的机制。治疗是所有边缘过程活生生的体现，这些过程就像消化或者呼吸一样，看不见却又离不开。如果没有边缘过程提供的生理上的统一，治疗就会像人们所料想的那样，变成无趣的游戏。

弗洛伊德的"本我所在，自我即至"这句话便是谈话治疗最有权威的例证。弗洛伊德觉得洞察力和智力可以征服人性的阴暗面，就像征服者杀回森林去建造一座城市一样。语言是奇幻的新皮质技巧，但是治疗属于情感心理——边缘大脑的一个古老领域。治疗不应该试图否决文明以前的原始力量，因为，像爱一样，治疗也是其中之一。

那些无法爱的人回来寻求治疗，离开的时候恢复了爱的能力。但是，爱并不仅是治疗的目标，也是一种方法，可以到达每一种目标。在这一章里，我们将要探讨爱的三个神经特征：边缘共振、边缘调节和边缘修正——这些构成了心理治疗的核心，这些也是成人心理成长的原动力。

改变情感心理

边缘共振

每个人都在传播着内心世界的信息。正如一团稠密的物质通过电磁辐射泄露了它的存在一样，一个人的情感吸引子也在边缘音调的灿烂光环里显露无遗。如果一个大脑新皮质喋喋不休的听者安静下来，而且让大脑边缘系统感觉自由驰骋，那么美妙的旋律就开始渗入莫名的静谧。反应、希望、期冀和梦想的个人故事成为主旋律。关于爱人、老师、朋友以及宠物的故事反复回响，凝聚成一些中心旋律。随着听者共鸣的增进，他会看到其他人在那个私密世界里所看到的，开始感受生活在其中的感觉。

治疗师有时会禁不住对患者谈话的结果进行分类和分析——一种诱人却空洞的迂回策略。意大利作曲家奥拓力诺·雷斯皮基（Ottorino Respighi）的名曲《罗马的喷泉》中的几组旋律可以作为例证，这首乐曲的主要基调是要唤醒特雷维。而这一主旨是如何展现出来的呢？我们可以分解音符，仔细研究声频，统计和测算乐曲中的间隔和中断。但是，任何期望听懂雷斯皮基的人只需要认真地听，部分大脑使我们能够在更加高端连贯的空间组合我们所听到的声音。雷斯皮基丰富情感的倾泻并不需要任何教育背景。贝多芬说，音乐是一种比哲学更高层次的启示。另一部分大脑时刻准备着将情感信号转化成更高层次的启示，而治疗师常常冒很大的风险忽略音乐的疗效。

　　精神康复的第一部分就是在边缘情感方面被人理解——有人拥有用灵敏的耳朵捕捉你的旋律的本质。父母感情意识模糊的孩子，对自我的认知也不会非常明确，就像在黑暗中逛博物馆，墙内几乎任何阴森恐怖的事情都可能存在。他甚至不能确定自己感知到了什么。对成年人来说，先知者的预言可以驱散黑夜的恐惧，照亮失去已久的瑰宝，将所有恐怖的形象化为影子和灰尘。那些成功地在别人面前敞开心扉的人会发现暗淡模糊的人生色彩已经从他们自我的视野中慢慢地褪去。就像从梦中醒来的人们，他们丢弃了慢慢累积的、不合时宜又受束缚的生活。然后，基金经理可能就变成了一个雕塑家，或者相反；有些友谊消失，变得无关紧要，被新的感情所替代。城里的居民移居去了乡镇，在那里才找到了家的感觉。随着边缘情感逐渐清晰，生活也就走上了正轨。

边缘调节

在相互关系中寻求平衡

　　身体的某些节奏与日夜的更迭慢慢同步起来。这些节奏的学名为**生理节奏**，来源于拉丁语，意思是"跟一天相关的事情"。

一个更适宜的称呼应该是绕光规律，因为它们围绕光旋转，就像地球一样。人体生理学研究发现人类活动不只是集中在有光的地方，也集中在大脑边缘系统的协调活动中。我们的神经系统将人际关系设定为生活的重要成分，在这里，不管是炽热的还是温情的，它们都有能力控制。当人们受伤失去平衡时，他们就会求助于调节关系：团体、俱乐部、宠物、婚姻、友谊、女按摩师、脊椎按摩师以及网络。这些关系至少对情感联系有着潜在的影响。同时，这些情感上的连接比我们这个星球上所有心理治疗师联合起来的功效还要强大。

有些治疗师会因为相互关系的强大力量而畏缩不前。治疗师需要具有洞察力——这种职业的描述不禁让人想起了地产规划师或金融顾问，冷静地将桌子上所有的文件分派到不同的数据袋中。害怕患者太过依赖自己的治疗师会告诉患者，有时候还会公开地告诉他们，依赖需求感是一种病态。他这样做是在彻底诋毁一种重要的治疗方式。父母如果拒绝孩子的依赖感，孩子就会变得非常脆弱。这些孩子长大成人后，会经常向周围的人求助。我们难道要告诉他们，任何人都不值得依赖，我们要独自面对自己的痛苦，通过自己的方式抹平我们心中的伤痛吗？然后，我们要重复一个已经进行过的实验，大多数人都非常清楚实验的结果。如果患者和心理治疗师要取得疗效，那他们必须接受大脑边缘系统调节以及伴随大脑边缘系统调节而来的依赖，这样才能创造神奇。

很多治疗学家认为,信赖会培养出致命的依赖。因此,他们说,应该指导患者"为自己而做"——好像他们拥有了一切,只是缺少了付出行动和适应人生的智慧。但是,人们学习情感调节并不像学习几何学或者国家首府的名字一样。他们从周围资深的调解者身上学习技巧,他们是暗中学习的。知识跨越鸿沟从一个心灵传递到另一个心灵,但是学习者并没有明确地感受到信息传递。相反,自发的能力慢慢生根发芽,成为自我的自然部分,就像学会如何骑自行车或者如何系鞋带。但是,学习开始的艰辛慢慢地就从记忆中淡去,逐渐消失了。

需要边缘系统调节的人在经过咨询治疗之后,通常都会感觉更平静、更强大、更安全,也更有能力掌控世界。通常,他们不太清楚原因。没有什么真正有用的事情发生——告诉一个陌生人你的痛苦并不意味着你得到了一个减轻痛苦的秘方。这种感觉不可避免地逐渐减少,有时可能在几分钟之间,温暖和安全感就随之逐渐消失。患者对医生的依赖时间越长,患者的情况也就越稳定。每次治疗只能产生极微的效果,就像织布机的每一次收缩,梭子的每一次穿梭,对布匹的长度并不会带来太大的影响。当他编织到一定长度时,那一天终于来到了,患者就会展示他的独立性,就像一对展开的翅膀。最终自由了,他乘着一阵风,飞往另外的国度了。

药物治疗寻求平衡

当一个人的情绪崩溃不受控制时,边缘连接可以稳定他的情绪。但是，有些状态已经超过了调节的范围。例如，边缘调节很少能够修正成年人性格上的毛病。较严重的抑郁症患者通常也会避开各种人际关系。抑郁症会让人尽量避免人际交流，致使亲属纽带的边缘调节作用失效。即使他与周围有了互动，抑郁的人通常也会避免他人的注视，尽量切断自己与他人在情感信号上的交流。抑郁会关闭边缘回路：在一项研究中，抑郁的患者甚至失去了面部识别的能力，跟那些大脑中相应区域功能确实受损的患者一样。因此，抑郁会让某些人对治愈力量产生免疫作用，而这种治愈力量可以消除其他人的绝望。

当依恋不起作用时，药物治疗有时可以控制情绪。直接操纵情感的神经化学机制是一件棘手的事情——未来非常激动人心，又担心不专业的介入会造成大面积的损伤。用药物改变情感活动意味胡乱地修补组成自我的物质。但是，如果掌握在合适的人手中，这种"点金术"就可以拯救很多迷失的生命。

运用药物治疗的神经病学专家可能遭遇很强烈的反对。运用药物治疗抑郁症就会引发一种医生和患者间的范式冲突，这种对抗就像教皇和伽利略之间的冲突一样。一方反复地描述着自己难以抑制的失望、旷日持久的绝望、阴郁凄凉、痛苦、忧虑、恐惧和死亡；另一方就用药物的乐观功效来进行回击。

从患者角度来看，医师的建议就是超脱尘世的。也许他在药物作用下有过一些开心的日子，也对此产生了信赖，但是，抑郁的黑暗面就像三棱镜一样，反射在每个角落。现在，要评价所有的主张是靠不住的。就像情感中任何其他的重大变化，抑郁症并不是被"外国军队"占领，而是"民间起义"，从"共和国"内部"颠覆""身份"。抑郁的患者不光失去了好胃口和生活的动力——他失去了自己以及做出决定的能力，以前的自我、"政变"前的自我是可以做出这些决定的。

即使他开始服用抗抑郁的药物，他通常也不是因为药物有疗效而服用的。他看不见，也绝不相信医师们所描绘的那个充满阳光的世界。这些椭圆形的药丸对他来说就是耶稣的十字架、大卫之星、洛林十字架，是美好世界的希望和信仰的象征。

这种信仰的种子必须先于心理疗法和精神药理疗法。精神病医生很少宣传治疗的先决条件。洞察力是可有的选项；患者不需要去观察现实生活，只需要了解自己的生活，事实上，他通常不能了解——治疗师需要同时横跨两个世界。患者需要接受一个前提，就是他的情感信念是虚幻的，而其他人的情感世界可能更美好。不是每个人都能做到，精神病医生的办公室里应该张贴一幅像最小的过山车一样高的海报，上面写着：*你必须至少要有这样的信念才能坐这个过山车。*

例如，一个年轻的女士，要求她的治疗师给出一个合理的证据来支撑在她看来荒诞而微弱的可信度。"我为什么要相信你，而不是我自己？"她固执地问道，"给我一个合适的理由。"这听起来确实是一个合理的请求。双方探索、争论、分析了数月，最终发现根本没有一个理由，因为这本来就不存在。精神病医生数年来的训练和教育、证书、多年的行医经验，并没有真正地建立起任何东西。在任何问题上，权威的东西也许是错的，而一个新手也可能是对的（可能是碰巧）。一个老练的专家在他的领域很多时候可能都是对的，但是当两种虚拟相遇的时候，他也没有办法证明或者保证他的正确性。精神病治疗法运用的是为其他药物提供动力的灵丹妙药：热切地希望别人知道得更多。对此有一点信心的人可以赌一把，而且会学会更多的信任；而对此没有信心的人想以此为突破产生信任，就运气不好了。心理健康是一种容易吸引自身的物质，就像金钱或者权利一样，你拥有的越多，你得到的也就越多。

有些人认为，在情感疾病的药物治疗中，信任是一个不协调的伴随物。毕竟，现代医药的潜力和疗效难道不应该取代人们对古老的信任疗法的依赖吗？鉴于有问题的患者不可避免地是社会动物，答案是否定的。安慰剂对抑郁状态的有效率一直在30%的范围内浮动，对焦虑症的有效率是40%或稍高。有些学者错误地理解了这一数据，认为安慰剂没起什么作用，而且如果药物不能做得更好的话，那么它们一定极其无效。恰恰相反，患者和治疗师之间边缘互动的治疗效果非常明显，只有药性最强的药物才能比这种效果更好。

对抑郁症患者来说，药物治疗就像用斧子敲击从里到外冰封的海洋。睡眠和胃口首先有反应，从过去的偏差当中慢慢归正。伴侣和朋友开始感受到一些微弱的变化，渐渐地有更熟悉的感觉。兴趣慢慢回来了，然后有了愉悦的情绪，最终会笑了。相关的色彩暗淡的想法慢慢褪去，病态的念头也会从黑暗的走廊中悄悄溜走。几个月后，抑郁就像清晨起来模糊不清的噩梦一样，只留下一些不愉悦的后像。

精神病医生有两种药物—— 一种是人性的，一种是化学的，两者在边缘情感方面的疗效都异常强大——他们必须决定在合适的时候使用合适的药物。第一个问题比较容易，一个优秀的具有生物学思想的治疗师擅长利用边缘系统成分，因为这些成分都是与生俱来，效果显著，完全没有副作用的。但是，什么时候给患者开药呢？有些情况下，药物治疗确切地说是救命的，严重的抑郁症和躁郁症每年都会夺去无数人的生命。减轻实实在在的痛苦，控制病态的情绪是治疗的目标，毫无疑问，在这个药理学经验丰富的时代，这是大多数人都接受的观点。

但是，很多临床患者并没有达到需要药物治疗的紧迫程度。通常，患者考虑采取药物治疗并不是想要避免死亡或者避免一种已知疾病，而仅仅是想通过药物达到一种快乐的状态。对有些人来说，药理治疗途径有点像不道德的捷径，好像他们没有经过管制严格的社会所要求的任何艰辛的资历审查就抢到了福利和恩惠。如果一个人寻求心理治疗，数年后，他出来了，他抑郁的情绪消散，焦虑的心态消失，没有人会觉得他欺骗了社会或者背叛了神灵。如果他服药后，在几天或者几周内就达到了同样的效果，那很多人就质疑，这样合适吗？合法吗？公平吗？"人们必须通过努力让自己过得更好"是一种直观的（通常也是正确）的人生观，这种情况下，持这种观点的心理治疗师仍然数不胜数，他们告诉患者，药物治疗和心理疗法的启迪性工作不能混为一谈。

实际上，反对者没什么可担心的。在人类的大部分历史中，人们已经使用一些药物来调节情感——酒精、鸦片、可卡因、大麻等。这些药物都有明显的副作用。虽然药物调节情绪的内在机制至今难以解释，但这些科学成就依然熠熠生辉。然而，药物不能解决所有边缘情感的困境，连一半都解决不了。药物的种类不够丰富吗？那就通过改变剂量来治疗不同的症状。不过，有时抓住病症之间的细微差异有针对性地用药才是关键。人类早期的情感体验将持久的情感模式编织进神经网络结构中，要想改变这一模式需要搭配使用多种药物。

边缘修正

治疗的首要目标是要了解患者。调节情绪状态——不论是通过相互关系、精神药理学还是两者结合的方法——是次要的。治疗最后和最宏伟的目标是修改指导情感生活的神经代码。人的大脑中有无数包含边缘情感知识的连接——强大吸引子能够改变人的情感认识并且指导爱的行为。当治疗师想帮助一位因感情不顺或者长期自卑而饱受折磨的患者时，他要修改另一个人的微大脑组织。

如果有谁可以建立或摧毁、加强或减弱神经元之间的连接，那么神经认知就可以改变。但是，大脑有多种学习系统而且不是所有的信息都通过同一种方式改变。奥古斯丁写到，七加三等于十，不仅仅是现在等于十，一直都是这样。"不管在什么情况下，七加三都不会得出除了十之外的其他结果，永远也不会得出其他结果。所以我认为数字不变的道理对我来说是常识，对任何一个有推理能力的人来说也是这样。"假设坟墓中的奥古斯丁改变了主意，让七加上三直冲到十一，那么任何一个在早报上看到这个更新的结果的人都会立马修正其计算中的错误。大脑新皮质能够快速收集信息而大脑边缘系统则不能。情感印象可以不受自我悟性的影响但无法避免受到他人情感的影响：因为他人吸引子的力量能够穿透大脑边缘系统连接的大门。心理治疗能够改变人就是因为一个人可以重建另一个人的大脑边缘系统。

修正关系模式

人不能选择他想要的某种特定的关系，就像他不能强迫自己学会骑独轮车、弹奏《哥德堡变奏曲》或者说斯瓦希里语。执行这些行动的神经支架不会乖乖地听从指挥。一个强有力的自助运动倡导，其实是骗局：一个意志坚强的人具备正确的方向就可以选择良好的人际关系。那些禁不住诱惑、期待立竿见影的人立刻奉若圣旨。然而，情感生活中的生理学问题并不是简单的几个字就能够解决的。无论多么精确、多么频繁地描述与一个人的良好关系，都无法影响能够激发爱的神经网络。

自助书籍就像是汽车维修手册，你可以整天阅读，但是阅读并不能修好任何东西。修车必须得卷起袖管爬到车底下面，不能怕把手弄脏了或者指甲缝里进油。全面修正情感知识是一场没有观众的比赛，这时候就需要一个边缘系统连接来理清和修正凌乱的经历。有的人现在的人际关系麻烦不断，这是受他小时候经历的影响。边缘系统连接建立的神经模式还需要边缘系统连接来修正。

　　经验丰富的治疗师能够感受到患者大脑边缘系统吸引子的吸力。他不仅仅是倾听患者的情感生活——他们两个人都经历了那些情感生活。治疗过程中患者的情绪心理会将他从自己的生活中拖走，当然这也正常。意志坚定的治疗师不会努力地跟他的患者保持良好的关系——做不到。假如患者感情上愿意与人建立良好的关系，那么他肯定会接受。相反，治疗师要从自己的情感世界中脱离出来，睁大眼睛，漂荡进患者的情感世界，不管那是一个什么样的世界，甚至可能是一个非常黑暗的会让治疗师受到伤害的地方。他没有选择。不进入患者的内心世界，治疗师就无法改变他们；当他慢慢走近患者的内心时，他会感受到陌生的吸引子的力量。治疗师暂时停留在别人的世界不是为了窥视，而是为了改变，最后颠覆这个世界。心理治疗主要依靠大脑边缘系统之间的密切交流，因此治疗师的工作最终还是要在患者的内心世界完成。

　　每个人的情感心理的形成都受到父母或家庭吸引子力场的影响。每个人对待感情也会遵循成长环境中学到的最原始原则。患者的吸引子使他具备直觉，知道人际关系感觉是这样的，遵循这样一个原则。在两个人的二重奏中，每个人都有各自的音调而且会趋向于将对方的音调吸引到一个协调的音调上来。所以，治疗师和患者的"舞蹈"不能沿着后者所期望的路线走，因为他的舞伴在其他旋律上。接近患者的边缘情感世界会激起治疗师最真实的情感反应——他发现自己会对患者情感心理中特别有磁力的部分作出反应。他的任务既不是抵制自己内心的反应，也不是任其影响自己。他要等候时机将他们的关系引到别的方向去。

然后，他重复之前的引导过程，重复成千上万次。治疗进展不断反复。在这个过程中，每一次重复的引导都会使患者的虚拟世界离他与生俱来的吸引子远一点，离治疗师的吸引子近一点。经过无数次的相互交流，患者形成新的神经模式。这种新的传导路径像春天的小草一样，开始的时候很脆弱。但是，只要给它们提供简单的能维持它们生长的边缘情感营养，它们就能深深地扎下根来。重复足够的次数，这些新的回路就固化到新的吸引子中了。那时，他的身份就发生了改变，患者已经不是原来的那个人了。

心理治疗给患者带来的巨大改变不在于提出合理的解释战胜半盲目的激情，而是以能够发挥功能的直觉代替沉默的、无用的直觉。患者渴望能得到一些解释，因为他们习惯性地认为新皮质大脑的奇思妙想，比如详细的解释，可以给他们帮助。

回想一下本书第7章中提到的那个从小到大只听过日语的男孩。英语中的两个独立的音"r"和"l"有各自不同的音素吸引子，而日语中只有一个介于两者之间的音素吸引子。受自身最原始的那个发音模糊的音素吸引子的影响，日本成年人听不出"right"和"light"发音的区别。

　　研究人员最近训练日本成年人准确区分他们小时候就没有作好区别准备的音。认知神经基础研究中心的杰伊·麦克莱兰（Jay McClelland）博士给受试的日本人放了标准的英语对话，他发现听普通英语对话让他们分辨"r"和"l"的能力变得更弱。这一结果反映了吸引子的惯常做法：每一个独立的"r"和"l"都掉进了吸引子r—l漏斗形的大盆里了。外部现实中两个独立的语调在他们内在的虚拟世界里合二为一，并且他们内心的耳朵只能识别出"r—l"这个音素。不断地重复，自然而然地就强化了没有选择性的吸引子。

　　但是，当麦克莱兰连续不断地让受试者听纯正的"r"和"l"，并且强调每个音的形成特点时，所有受试者的"r—l"吸引子都逐渐分开成了独立的两个。这时，受试的日本成年人就像布鲁克林社区和曼哈顿海滩的居民一样，能够很好地区分"light"和"right"了。麦克莱兰的工作证明，不仅成年人的大脑仍然可塑并能够形成新的吸引子，而且专门的经验环境可以灌输日常生活不能输入的神经经验。在治疗情感缺失方面，心理疗法采用的就是这个模式。

导致痛苦的所有可能的关系经历与所有不同形式的爱都是无限的，那种无限性使心理治疗的日常工作成为一种拓展心智的事业。当患者第一次进门的时候，我们理所当然地期望他能够讲他所熟悉的情感关系，但是这样的情况我们从来没见到过。其实，治疗师并不需要像百科全书一样了解各种不愉快的情感经历，但是，他不可或缺的工具是他自身要拥有一个强大的健康关系的模板，当他和患者离开熟悉的领域时，他还需要有能够发现错误的敏锐感觉。

治疗在改变别人对待感情的方式时也纠正了他可能会爱的人。决定无法影响这种改变。虽然你知道你找的总是类似的伴侣，他们就像幽灵一样跟着你，但这并不会改变你内心的方向。很多人认为，心理治疗能够让人清楚地了解一段让人痛苦的恋情，这样他们就能够识别并且避免将来类似的致命悲情了。其实不是这样，你不能让一个吸引子有缺陷的人出去寻找自己钟情的伴侣——在他看来，也没有这样的人。他看不见能够好好爱他的人。即使是云开雾散，一位富有同情心而又善解人意的爱人闪着亮光从天而降来到他的面前，他内心期待的仍是另一种恋情，他仍然不知所措。一位明智的心理治疗家在分析了T. S.艾略特（T. S. Eliot）后，会建议他静心等待，不要有任何期待，因为他的期待将会是期待错误的东西；静心等待，不要有任何爱，因为他的爱将会是爱错误的人。

心理治疗并不会明确欲望的目标，而让如痴如醉的患者可以终其一生去躲避它。名副其实的治疗会改变他的欲望。治疗结束之后，他的心会朝向更健康的方向行进，之前的异常症状慢慢消失，开始追求他之前几乎没注意过的东西。

如果心理治疗是通过边缘系统连接实施治疗，那么有人不禁要问，为什么其他的人际接触就没有治疗效果呢？如果患者的配偶、朋友、保龄球球友或者熟悉的酒吧服务员愿意投入时间，为什么他们不能将他迷失的灵魂引导到更为健康的情感世界呢？

这是一个概率性的事情而不是必然的事情。需要边缘系统修正的人的吸引子是病态的。每个走近他的人或多或少都能感觉到他的情感世界里固有的负面情绪，这就排斥了很多心理健康且有可能成为爱人或朋友的人。有的人留在他的身边，通常也是因为他们在他身上看到了自己过去与人相处的模式。对他们来说，这是一种诱惑。相互关系产生品牌忠诚度，这是啤酒公司梦寐以求的：你自己的关系模式有诱惑力。其他的人都令人厌烦并且短期内难以接受。因此，关系亲近的人对于爱的看法是一致的，如果要使这种默契背后的吸引子发生改变，那他们几乎是这个世界上最不可能帮助对方的人。

然而，在这个星球上有60亿个不同的人格在永恒的布朗运动中与无穷小分子的疯狂能量碰撞和相遇，不可能的事情偶尔也会发生。带有适应不良吸引子的人可能会意外地遇到一个能够教导他的人。命运给他安排的这个导师，不管是丈夫、妻子、兄弟姐妹还是朋友，都和蔼可亲，不会因为另一个人的情感出现问题而受到影响。通过他们的关系的影响并利用他相对不易受到影响的特点，他可以温和而又循序渐进地劝导自己的学生，不让他们莽撞地一头冲向通往不幸的道路。由于人与人之间在心智构造方面的差异巨大，以及相互之间出现交集的随机性极强，所以像上述这样合适的组合必然是有的并且也是很珍贵的。冲破重重困难，就像最初的时候一样，生命就找到了方向。

当心理治疗出错时

当治疗师建立起通向患者的边缘系统通道并影响他的时候，他同时也向另一个人的情感吸引子敞开自己的心扉了。治疗师的特殊天赋在于他要在精神上跟患者保持足够近的距离以便能够听到他的"旋律"，同时还要避免受其影响陷入其中完全成为他的"和声"。这种安排很明显是很危险的，通道两边的空隙实在是太明显了。当治疗停止或失败（这并不罕见）时，有人可能会想原因有两个：治疗师与患者之间的边缘系统交流出了事故，完全缺失，或者治疗师因受到陌生吸引子的影响出错而沉浸在了负面情绪中。

坚　冰

我们要时刻谨记，艺术作品就是在创造新的世界。因此，我们要尽量认真地研究这个新的世界，把它当作完全陌生的、崭新的世界去研究它，要先抛开所有跟我们生活在其中的世界相关的东西。只有当仔细研究过这个新世界之后，我们才能将它与其他领域、其他学科的知识联系在一起。

纳博科夫（Nabokov）描写的是读者读小说前要做的心理准备要求，但是他也是在描述为了更好地领悟周围人的边缘系统情感所做的心理准备。能干的治疗师和优秀的读者有很多共通之处：他必须自愿暂停相信他知道的规则，去接近另一个人的私人世界，这个世界的思维方式对其他人来说是难以想象的。如果治疗师能达到充分接受的状态，那么他就可以允许另一个心灵突然进场，就像伟大的艺术一样——"或多或少是个惊喜"。

治疗师如果不能参与这个开放、冒险的探索，就将无法抓住对方的本质。他对这个人心理活动的每一个猜想都有可能误导他认为这个人实际就是这么想的。当治疗师停止用大脑边缘系统感觉时，他会不可避免地倾向于用推理代替共振。

倾向于放弃大脑边缘系统视觉的治疗师出自那些死板僵化的学派。多少年过去了，公式化的假设反复出现，但是错误还是一样的。在20世纪与21世纪的世纪之交，情感问题都是由阴茎嫉妒和阉割焦虑引起的。时下主流的政治气候预防那些疾病的发生，但是压抑的记忆和注意力缺乏症取而代之成为今天深重的苦难。明天，又会有别的东西了。

为什么有些疾病消失了，而其他的疾病又随着精神病理学的蓬勃发展而出现了呢？广泛盛行的偏见时而掩盖，时而又夸大了情感疾病的发病率。但是，那些寻求治疗的人有足够的理由担心，而不会背负预定的病理。要在尽量少犯错误的情况下发现患者的心理问题，治疗师就必须保持儿童般的好奇心，时刻准备在一片叶子下面、大树后面或是一个人的内心世界中获得惊人的发现。那些已经失去了这一品质的治疗师会发现患者就像是《读者文摘》的浓缩本——除去细节上的差异，所有的故事都莫名其妙地完全相同。

　　承袭成规旧习不是心理治疗培训的唯一缺点。心理治疗培训刻意培养的让人昏昏欲睡的惰性才是心理治疗的最大杀手。弗洛伊德认为："在患者面前，医师应该是不透明的，像镜子一样，除了向病人显示病人自己，不显示任何东西。"他推崇外科医生所必备的冷静并且教导他的学生，一个成功的心理治疗师"要把自己的感情甚至对他人的同情怜悯都放在一边，内心给自己设定一个目标——并用最正确、最有效的方式去完成这个目标"。这些观点成为后世训导心理治疗师像雕塑一般不动感情的基本指导思想。这个行业的一些古怪的现象发生了：从业人员拒绝透露自己婚姻状况，拒绝和患者握手，还有，在一个案例中，治疗师向患者解释听到他们的笑话时他不能笑的原因。

　　虽然上述纯粹主义者严格遵守弗洛伊德的教诲，但他本人的实际做法却跟他的主张相去甚远。他会带自己的患者去吃饭，还跟他最喜欢的人成了朋友。他在维也纳的大街上散步的时候请他的同伴马克思·艾廷顿吃饭。他还从有钱的客户那里为精神分析研究拉到了数额可观的捐款。他甚至用精神分析法分析自己的女儿。

弗洛伊德令人羡慕的优点在于，他从来没有认真地身体力行地践行过自己的忠告。很多年轻有为的心理治疗师完全丢弃了自己的同情心，因为他们受到的教育要求他们做一个兢兢业业、完全中立的观察者，小心翼翼地避免与患者产生情感接触，甚至比外科医生避免用未经消毒的手去碰触手术切口还要小心，但后果是致命的。如果心理治疗仅仅是冗长的谈话，那将单调得令人感到乏味。但是，心理治疗是对大脑边缘系统之间的相互影响，情感的中立抽去了这一过程中的生命活力，只留下了空洞的语言外壳。

卷入暗流

敏感的治疗师能够感受到患者情感的牵引，并且逐渐分享其中一些无声的情感信念——从而去了解对方的所思所想。他将对事物的认知、记忆以及他的期待放入他人的情感风暴中。在状态最好的时候，心理治疗师感受到这个压力及其出问题的地方。然后他就可以努力地对抗它，一步一步地：不是那样，他可能会对自己或对患者说，是这样。但是，如果患者的情感磁力太强或治疗师的磁力太弱，那么他就可能会在不知不觉中卷入陌生吸引子的激流。

这样，他们之间的关系就进入了一种重复性的伤害过程：患者和治疗师都遵循患者心中一直存在的行为准则。接着，治疗师开始批评在孩提时代被人谴责的成年人，或者拒绝曾经被母亲抛弃过的病人，或者反对某个被父亲过度索求所压抑的人寻求独立，或者践踏年少时因天赋过人遭人嫉妒的人所取得的成就。治疗师的吸引子具有控制自己情感世界的力量，让自己的情感非常稳定，就像登山的人在自己的锚绳和岩钉足够结实的情况下能够向滑落的同伴施以援手。治疗师要同时脚踩两个虚拟世界。如果他自己内心世界的力量不足以抵抗患者吸引子的力量，如果他自己的边缘系统情感支柱没有他想象中的那么牢固，那么他就可能失足，与患者双双跌进患者的情感世界。

关于心理治疗过程中的具有讽刺意味的事情（患者往往不喜欢）是，成功的治疗无法避免触发它想要解除戒备的吸引子，患者逃脱不了回忆那段他最不愿意面对的情感经历。假使我们可以把心理治疗完善成一个无比精细的工具的话，那么它还是会对患者产生重复创伤。不受伤害的唯一保证就是保持能对边缘系统大脑发挥作用的情感距离。

世界相交之处

心理治疗和其他任何依恋关系一样，具有针对性。当雏鹅对洛伦茨（奥地利动物学家）产生印刻行为时，它们只会跟随他而不是奥地利的其他动物学家。杂货店门口的金毛猎犬只惦记自己的主人，而患者也依恋自己的治疗师。

这里有一个特别令人不安的推论：一段心理治疗的效果只是

那段关系所特有的。从遗传的角度看，患者并没有变得更健康，他只是更像他的治疗师了。与别人建立新型的不同性质的关系，快速了解人与人之间的关系以及如何处理这些关系，在爱的舞曲中不假思索地舞动——所有这些都使得患者变得更像他选择的治疗师。

乌云慢慢积聚并笼罩在心理治疗这个错落有致的景观上空：尽管经过了几十年的发展和完善，但人们越来越确信心理治疗技术本身与治疗效果没有任何关系。仅美国就产生了一系列创新性的心理治疗群体和派别：弗洛伊德派、荣格派、克莱茵派；叙事的、人际交往疗法的、超越个人的治疗师；认知的、行为的、认知行为的从业者；科胡特派、罗杰斯派、克恩贝格派；控制掌握法、催眠治疗法、神经语言学编程法、眼动脱敏法——以上这些甚至都不够前20。这些不断产生分支的不同流派经常就心理治疗的方式给出互相矛盾的建议：讨论这个，不讨论那个；回答这些问题，或是不回答；坐在患者对面、旁边还是背后。没有哪个方法能够证明自己的方法比其他的好。除去他是一个治疗师的定位，他所读的刊物、他书架上的书、他参加过的会议——他理性思维需求的认知框架——还剩下什么东西可以定义他的心理疗法呢？

他自己。治疗过程的转化催化剂是治疗师本人而不是他的命令或信条，不是他在房间里的空间位置，不是他精雕细琢的话语或是宗教般的静默。心理治疗系统的规则只要不妨碍大脑边缘系统的传输——这个最重要——那么它们就是无关紧要的新皮质干扰。可有可无的教条只会影响治疗师在心理治疗中对自己正在做的事情的看法或者他在治疗时谈论的内容，但是，促成患者内心世界改变的其实是治疗师本人。

因此，选择心理治疗师是一个关乎一生的有着广泛影响的事情。有非常多的心理治疗效果并不明显，这样的心理治疗仅仅是双方花费了时间，谈了话，金钱转手了。但如果治疗有效，它会永远改变患者的大脑边缘系统和他的心理状态。治疗师本人将决定患者改造后的新世界的样子；治疗师的脑边缘吸引子会修正患者的脑边缘吸引子。因此，治疗师的内心世界必须要整齐有序，他的患者会进驻他的世界而且可能会停留一生。

谬论与困难

脑边缘吸引子的修正过程相当漫长，可能三年、五年，也可能更长。了解到治疗师如此之长的工作时间跨度时，人们往往惊得脸色煞白。他们惊慌的心情可以理解，心理治疗在时间和金钱上的花费基本等同于大学教育。但是，哈佛大学校长德里克·博克（Derek Bok）认为，那些不愿花钱上学的人会发现愚昧是一种更昂贵的放纵。情感困惑需要付出的生命代价至少和智力上的愚昧无知一样高。如果把原本需要几年的大脑边缘系统修正过程压缩到几周或者几天岂不是很好？短期有效（又便宜）的心理疗法如同诱人的海市蜃楼，似凉爽诱人的沙漠绿洲，吸引了许多人跨过干涸的沙地尝试不可能的穿越。情感心理的架构使得有效的快餐式心理疗法如同独角兽一般只存在于传说中。

精神分析学家首先要假设患者如果有抵触情绪来，那么心理治疗所必需的时间和所带来的烦恼，抵触情绪是指患者主动积极地拒绝改变，就像巨怪隐藏在桥下，拒绝表明改变的愿望。揭示心理学习的重复特性可以帮助消除内心的妖魔，但是心理治疗仍然是一个长时间的过程。大脑边缘系统模板是在大脑可塑性最强、神经网络最健壮、韧性最好的时期形成的。到成年的时候，持久耐用的吸引子就像保龄球一样依靠惯性继续前进。这个可以改变人生的过程循序渐进又非常辛苦地改变人的直觉，因此心理治疗非常费时。但是，我们现在的社会对漫长的过程缺乏耐心，人们不断尝试创造快速的修复方案。现在尤其如此，在保险公司打算取消各种长期治疗保险项目的压力之下，人们加快了探索的脚步。

不管服务项目有没有效果都拒绝提供服务，这就是现在保险行业存在的理由。然而，讨厌的法律纠纷使得保险公司无法直截了当地断然拒绝——必须采用更温和的手段劝阻患者，改变他们的决定或者默许他们改变决定。因此，保险公司开始赞美他们愿意提供的不断减少治疗次数的极少量项目的优点了。行为卫生保健院的院长迈克尔·弗里曼（Michael Freeman）在1995年的《华尔街日报》上撰文鼓吹："如果二十次治疗就能让你收到满意的效果，谁还需要做八年的心理治疗呢？"

1995年，这种被大肆吹嘘的二十次的治疗疗程有时候还能享受到，但是现在这种慷慨大方已经是难以想象的奢侈了。托管医疗保健制度提供两次到六次不等的基础治疗，但是患者无法知道治疗会在什么时候或者在哪个阶段结束。也许监管他的病情的人员会批准延长两次到三次治疗，也许不会。每次会见都需要进一步的申请报告。骤然停止又骤然开始的断断续续的治疗总是笼罩在永久的不确定的阴云之下，这与大脑边缘系统连接的方式不相符。

简短是迷你心理疗法得以抢占先机的重要因素。大脑新皮质可以迅速吸收说教类的信息，但是大脑边缘系统的改变需要大量的重复。谁都不能指望上六节课就学会吹长笛或者上十节课就能流利地说意大利语。但是，虽然大多数人都可以在生活中忽略拉威尔和但丁而不牺牲自己的幸福，缺乏情感和关系知识却不是这样。习得情感和关系知识需要投入时间，但是我们的文化却不愿意花时间。

治疗在吝啬的保险公司的注视下不断凋零，从最小限度到功能上不存在。除了附带的诚实度不同，三次治疗跟没有治疗没什么区别。那些支持迷你治疗法的人可能会欺骗今天那些充满希望但又不够警惕的人。如果他们的治疗方法持续足够长的时间，那么整整一代的心理治疗从业者以及患者就会忘记心理治疗之前采用的是另一种方法；如果托管医疗保健制度提供者完全不准许心理健康治疗，那么患者得至少清楚哪些是他们无法得到的东西。

现在的氛围就是要求治疗师和患者都穿上"皇帝的新装"，假装这样做能够给双方带去温暖。

除去那些无关紧要的复杂的教条和考究的技术，各种心理疗法在创建之初就不一样。有的跟人心灵相容并在其架构内最大化地促进人的健康。有的，比如现在流行的短期快速疗法，违反边缘系统的工作机制并且阻碍人的潜能。目睹这样的浪费实在痛心，因为有疗效的心理治疗的大脑边缘系统连接需要非凡的勇气。患者要放弃自己熟悉的世界并进入自己从来没有见过的情感世界，他主动奉献自己，让自己以一种想象不到的方式得到改变。对于能否成功改变，他只有薄如轻纱的信念。当这段旅程结束时，他将不再是原来的自己，而他的引路人是一个他自己完全有理由怀疑的人。医学博士理查德·赛尔泽（Richard Selzer）曾这样描述手术，这也适用于心理治疗：只有人类的爱才能避免这种行为成为两个疯子的闹剧。

9

文化如何遮住我们通向爱的道路

从诗歌中获取消息
是很困难的
然而，人们每天都在悲惨地死去，
因为缺少
在那儿发现的东西。
——威廉·卡洛斯·威廉斯（William Carlos Williams）

　　一亿年前，大脑边缘系统的进化创造出了具有杰出的情感和相互关系能力的动物。它们的神经系统像柔软的葡萄藤那样，相互交织、相互支撑。但是，生活犹如古希腊的舞台，每种性格都赋予了相应的弱点；每种英雄气概都能在悲剧性缺陷中看到自己。构成我们情感生活的神经技能也是如此。大脑边缘系统拥有简单动物所不具备的经验财富，但它也使哺乳动物能够感受到痛苦和遭到毁灭。短吻鳄从来都体会不到失去的痛苦，响尾蛇也不会因为与父母或后代分开就遭遇疾病或死亡。而哺乳动物却会这样。

　　控制情感生活的神经结构并不能无止境地适应任何变化。就像恐龙只能适应一定范围的环境温度，大脑边缘系统也使得哺乳动物只能适应特定的情绪环境。每当天色变暗、气温下降，大型爬行动物便不见了踪影。同样，一旦我们的生活环境超过了先天的情感界限，我们也势必会垮掉。

因为我们的心灵通过边缘共振相互吸引，因为我们的生理节奏对大脑边缘系统调节作出回应，因为我们通过大脑边缘系统修正作用改变另一个人的大脑——所以，如何处理人际关系是人类生活中最重要的一方面。我们可以选择以任何一种方式结婚、养育孩子和组建社会。每一种选择（不同程度地）都遵守或违背了内心不变的需求。哪怕是极其简单有益的行为，也可能变成任何人都不愿意选择的情感困境。人们对情感需求的意识各不相同，那些有情感需求意识的人生活幸福，反之则生活艰辛。

这一点在大型社群也是如此。文化会在数十年或数百年后发生变迁，而人性无法改变。文化规约与情感的迫切需求之间极有可能发生碰撞和冲突。有些文化鼓励情感健康，有些则不然。还有一些文化，包括美国文化，提倡与满足感对立的活动和态度。

美国文化不能使我们免受大脑边缘系统弱点的伤害，相反，因为它掩盖了爱的本质和对爱的需求，所以放大了那些弱点。这样做的代价是昂贵的。每一个立体物体都会投下阴影，人类的情感心理结构也不例外。人类的心就像清晨的大道，一半沐浴在阳光下，爱人在此漫步，孩子在此嬉戏；另一半被阴影轻轻覆盖，长出忧伤、悲痛，偶尔甚至是邪恶的花朵。

今天的儿童

婴儿总是尽力让父母留在身边：父母走近时，他紧紧注视着父母，咿咿呀呀；父母走远时，他又挥舞手臂，抓住他们；父母不在时，他便放声大哭。婴儿留住父母时使出的这些"伎俩"，总是百战百胜。对于父母而言，婴儿既是一个迷你的"暴君"，又是一个狡猾的"巫师"——他细微的打嗝声和呼噜声都让父母担惊受怕，他的心满意足又能让父母无比幸福。婴儿留住父母的能力逐渐发展，并不是他的一时兴起，而是出于他的大脑边缘系统需求。人类世代的经验指引婴儿的大脑打开情感通道，从而稳定他的生理机能，形成他的情感发育。

美国人在婴儿出生不久，就切断了婴儿夜晚与父母的这种联系。因为美国文化认为，婴儿不应该与父母睡在一起。

婴儿夜晚应该睡在何处的问题正在影响我们的民族意识，多亏人们对这个问题争论不休。很多美国儿科医生反对婴儿与父母同睡。几十年前，斯波克（Spock）就在他影响非凡的里程碑式著作——《斯波克博士的婴儿及幼儿护理》一书中，告诫人们不要这样做。他写道："我认为不管怎样，不让孩子与父母同睡是明智的。"不过，斯波克并不像另一位儿科医生理查德·费柏（Richard Ferber）那样强硬。费柏医生曾经发动了一场真正的讨伐运动，反对父母和幼儿在同一个房间或一张床上睡觉。

费柏的观点依据的是弗洛伊德未经证实的习惯性看法，即认为婴幼儿具有成人一样的纷乱迷离的性动机意识。费柏声称，婴幼儿发现父母陪伴其睡觉时会"极度兴奋"。他还说："如果你让婴儿蜷缩在你和伴侣之间，这相当于将你们分开，他就会觉得自己非常强大，然后变得担忧……他可能会开始担忧自己会让你们分开，但如果你们分开了，他就会认为他是有责任的。"这种观点的错误在于，这是一种"拟成人论"——将儿童假定成成人，通过错误的角度来看儿童：一个小小的、不会说话的婴儿，竟然完全具备成熟的感受和担忧。如果婴儿能像20岁的成人那样思考，那么按照费柏的观点，当他夜晚与亲人同睡时，必定能够感受到很多不安，诸如困惑、焦虑、怨恨、愧疚。

持另一种观点的是进化心理学家和跨文化社会学家，他们指出，美国人不与孩子同睡的习惯在全世界和历史上都是一种异象。几乎全世界的父母都与孩子同睡，即使是到人类历史的最近阶段，父母与孩子分开睡眠也是极其罕见的。因此，我们的文化不得不挑起重任，来证明我们这种独特的分开睡眠方式是正确的。罗伯特·赖特（Robert Wright）是进化心理学的著名支持者，也是母婴同睡这一常识的拥护者。他这样反驳费柏医生：

从费柏的观点来看，让害怕独自睡觉的孩子与你同睡的问题是"你并不是真正在解决问题。因为一定有什么原因让他这么害怕"。是的，肯定是有原因的。可能会是以下的一个原因。也许你孩子的大脑是经过数百万年的自然选择，设计成母亲应与婴儿同睡。如果婴儿发现晚上自己完全独自一人，这通常意味着发生了可怕的事情——比如，母亲已经被野兽吃掉了。也许婴儿年幼的大脑被设计成通过这种方式应对这种情况，即疯狂尖叫，以便让身边的亲人听到他，发现他。也许，简而言之，独处的孩子感到恐惧是因为独处的孩子天生就会恐惧。当然，这只是一种理论。

正如赖特所言，现代社会的很多事物，虽然不是天然的，也不一定都是有害的。集中供暖、频繁沐浴、老花镜都是如此。难道说婴儿睡眠安排只是另一种现代选择，而与健康无关？费柏提醒人们，婴儿想要与父母同床睡是一种心理怪象，有可能需要寻求"专业的心理咨询"。为了支撑他的这一说法，费柏一遍又一遍地引用弗洛伊德的一些零散观点，却没有举出事实。相反，睡眠研究者已经提出，婴儿与父母分开睡可能会引起生理危机。

婴儿可能在睡梦中就突然静静地死去，没有任何创伤或疾病的征兆，就好像这个小小身躯里鲜活的灵魂并不是固定在他的身体里，而是悄悄溜回了神灵世界。父母曾经害怕的"摇篮死亡"在医学上被称作"婴儿猝死综合征"，简称"SIDS"，直到现在这种现象也仍然是一个谜。有少数的案例最终被定性为秘密杀人案，但是在大多数SIDS死亡案件中，没有发现任何婴儿生理或环境异常。不同社会群体中的SIDS发生率各不相同，这可能与文化差异有关。尽管美国具有先进的医疗技术和精细的儿科护理，却是全世界SIDS发生概率最高的国家：每一千个健康出生的婴儿中，就有两个死于SIDS——这个概率是日本的十倍，是香港的一百倍。在有些国家，甚至都没有听说过SIDS。

睡眠专家詹姆斯·麦肯纳（James McKenna）与他的同事们展开了一项史无前例的研究，有望揭开SIDS的神秘面纱。他们研究在经过人类数百万年进化后的环境——"母体亲近"中婴儿是如何睡眠的。麦肯纳发现，同睡的母亲和婴儿不仅仅是睡在同一张床上。他们在熟睡时的生理节奏呈现出相互协调性和同步性，麦肯纳认为这可以帮助婴儿维持生命。"母亲与婴儿的特定睡眠阶段和清醒时期相互交织，"麦肯纳写道，"整个夜晚，每一分钟母亲和婴儿之间都在进行很多感官上的交流。"与独自睡觉的父亲相比，同睡的母亲与婴儿深度睡眠的时间更少、夜里觉醒的次数也更多——麦肯纳觉得，这样的神经变化可以避免婴儿呼吸骤停。与母亲同睡的婴儿，母乳喂养的次数是独自睡觉婴儿的三倍，而且他们通常保持仰卧的睡姿，这两点同样可以避免SIDS的发生。有少部分人也在思考，具有最低SIDS发生率的人类社会，可能也是母子同睡最普遍的地区。

提倡分开睡眠的学者发现了儿童的巴普洛夫特点，曾经在20世纪早期成为心理学的主导观点。他们提出（今天也这样说），如果你对孩子的不快表示关注，你就是增加了这种情况再次发生的可能性。夜晚单独留下的孩子，身边没有人去"奖励"他，最后只好停止哭泣，没有人陪伴也能应付过去。然而睡眠并不是一种反射作用，不是像狗看到牛排就可以分泌唾液那样。睡眠中成人的大脑每90分钟就会经历6个不同神经阶段的起起伏伏，如同一曲逐渐延长，然后在早上苏醒时结束的交响乐章。睡眠是一种复杂的脑部节奏，而神经发育不全的婴儿首先只能依赖父母的脑部节奏。

婴儿生来就知道这一点——有些比较典型的婴儿，无论是睡在母亲左边还是右边，整个晚上都朝着母亲，他的耳朵、鼻子，有时还有眼睛，都尽情地感受感官的刺激，从而设定他自己的夜间节奏。同样的道理，"滴滴答答"的时钟可以帮助刚刚离开母亲的小狗有规律地睡眠，"呼吸"的泰迪熊可以帮助早产儿稳定地呼吸。

尽管这在美国人看来很奇怪，但与父母同睡可以让熟睡的婴儿远离死亡。成人心脏的平稳跳动以及有规律的呼吸节奏，与婴儿内在节奏的一起一落保持协调。母亲们直觉上遵循了这些古老的方法，无论是左撇子还是右撇子，她们都习惯用左手抱孩子——这样宝宝的头就离母亲的心脏更近。这种位置偏好不可能是习惯或者文化偏爱，因为雌性大猩猩和黑猩猩也是这样，天生就用左手抱后代。

关于母亲是否应该与婴儿同睡的问题成了美国人的大难题：我们比任何社会都要看重个人自由，但是我们并不尊重自我管理的发展过程。大多时候，美国人认为，自我管理也可以强加给个人，就像旅行者将行李扔给服务员一样：强迫孩子独立去做，然后他们就会学会怎么做；而与他们一起做，就会让孩子成长为一只有"触角"的怪物，只知道伸手依附父母。实际上，过早的压力会阻碍孩子自身携带的真正的、自然演进的自主能力。独立能力不是通过阻止和打压依赖感而形成的，而是通过满足孩子的依赖感自然而然发展起来的。的确，孩子们非常依赖父母，但当他们不再依赖父母后，他们便开始独自睡觉、独自居住、独自生活。

小狗并不是天生就知道应该远离沙发，如果你想让它扔掉舒服的绒毛枕头，你就得训练它。老鼠不是天生就会跑出迷宫，但如果你给它施加诱饵和惩罚，它就能跑出去。孩子们不需要大人强迫，或者跺脚恐吓，或者食物奖励的方法来灌输独立的思想。艾默生（Emerson）说："这世上最宝贵的东西是充满活力的灵魂——自由的、崇高的、充满活力的灵魂。尽管，对于大多数人，这样的灵魂被禁锢了，或者尚未诞生，但每个人都有权利拥有它，每个人的心间也拥有它。"儿童的成长是生命的第二次迸发；关爱和保护就像耐心的助产士，可以帮助一个新灵魂的诞生。

医生曾经告知美国妇女，母乳喂养是一种陈旧的错误方法。在现代科技生产出了安全而又方便的奶瓶之后，那些想要把孩子抱在胸前母乳喂养的母亲被认为是过时了，甚至可能是一种病态。现在我们知道，自然母乳喂养可以满足婴儿的需要，这是其他任何人工替代品都无法做到的。母乳中的营养成分比例恰好适应婴儿的新陈代谢需求，而且其中的抗体也能通过母乳进入婴儿体内，提高婴儿免疫力，抵抗疾病。于是在医学上反对母乳喂养已经成了过去。但是，当代的母亲却被同样可疑的观点困扰——那就是婴儿最好独自睡觉。不过婴儿们却看得更明白，他对夜间独自睡觉的反抗，就是人类千年智慧的体现。

除了激烈地争论如何在夜间照看小孩，更为强烈的冲突是怎样安排小孩的白天时间。各家言论唯一达成一致的一点正是该问题的核心：美国小孩曾经大多数时间都是和母亲待在一起，但现在很多小孩不再是那样了。因为现在一系列角色出现在婴幼儿生活中，代替了母亲的角色，如亲属、住家保姆、固定或轮班保姆、邻居、托儿所工作人员、电视节目、动画片、游戏等。小孩白天和谁待在一起重要吗？只要他没有闲着，只要他是安全的，那么照看他的究竟是父母、奶奶、保姆、陌生人，还是电子设备，重要吗？

这些问题都围绕着一个难以忽视的重心：儿童独特的边缘系统需求。如果他只是不想那么无聊，那么任何有趣的事情都可以满足他；如果他只是想确定身边有人保护，那么任何一个成人都可以做到。但是，几十年的依恋研究发现，儿童会与某些特殊的、不可替代的人形成复杂且个性化的关系。通过调查这种关系的生物机理，研究者发现，这种珍贵的关系来源于儿童与父母二者的神经同步，而且成人的神经模式会影响儿童可塑的大脑。如果是这样，那么我们的孩子目前所处的一些环境对他们产生的影响还不如一小群忠诚的看护人长期专注的照顾。

孩子的电子保姆——电视、录像、电脑游戏——都是像麦糠一样的情感食物，它们吸引了孩子的注意力，占据了孩子的心灵空间，却没有任何营养。具有讽刺意味的是，在现在这个电视—计算机时代，人们竟然期望从这些机器中得到人性化的东西：故事、联系和互动等人性的元素。（大自然经历了数十亿年的时间，才从无到有地创造出这种人性化的机制。所以，也许我们不应该期待硅谷在短时间内可以为我们创造出这样的机器。）今天的机器不能传递一种边缘性联系，而只能提供一些模糊的刺激。有少部分人甚至怀疑，成年人使用的互联网实际上造成了他们的抑郁和孤独。其中一位研究者说："我们惊奇地发现，一种社会化科技竟然能产生这样的反社会化效果。"尽管机器的娱乐性非常诱人，但它们的这种陪伴对于成人和儿童来说，都是一种无效的关系替代品。

接下来，我们要谈一谈人类的陪伴对孩子的影响。孩子受到关爱的多少与好坏，长期影响着他的神经发育。有证据显示，这种影响是日积月累的：情感空缺会对婴儿产生致命的影响。受到忽视的孩子，其头围显著减小，磁共振下扫描其脑部也发现孩子大脑因为缺失数十亿细胞而出现明显的萎缩。研究发现，在孩子幼年时期，如果他的母亲情绪抑郁，孩子便会出现长期的认知缺陷。20年的纵向研究数据表明，父母及时对孩子做出回应能使孩子形成明显的持久的性格优势。灵长类动物饲养研究也清楚地表明，早期的隔离会导致神经损伤，而且如果让幼猴的母亲处于情感压抑状态，幼猴的大脑就会出现持续轻微的精神错乱。甚至受到较多关爱的幼鼠也比其他幼鼠发育得更好。因此，我们可以得出一个无懈可击的结论：爱对孩子的一生至关重要。

我们所有人天生就有边缘系统机制，它在我们大脑中静静地运行。关键问题是——这个系统能承受的灵活度有多大？没有人能给出确切答案。单一不变的看护人的陪伴不能保证孩子的健康，因为优秀的父母必须能力出众、善于调节，这不是每个人都能做到的。但是，孩子拥有多个看护人也会出现不同的问题：首先，每个看护人在理解孩子和管理孩子方面的能力如何？其次，更换看护人所造成的不可避免的中断，会不利于培养孩子的情感稳定性。

在质量方面，父母和亲属明显地能更好地照顾孩子：他们的付出完全出于对孩子的爱，是心甘情愿的。有些保姆和日间托儿所工作人员是真心一直喜欢他们照看的孩子，但即使如此，他们的喜爱也比不上父母的情感。除了极少数的例外，别人的孩子就是无法唤起我们对自己孩子自然而然产生的、无私的、不顾一切的奉献精神。即使为儿童护理人员提供丰富的薪资（他们正常只能拿到最低工资），依然有强大的内在障碍阻碍他们无私的关爱。除了饱含深情的父母，还有谁会这么无微不至地照顾孩子，知晓孩子的一切细微之处，发现任何微妙的迹象，并且与孩子之间创造出独有的边缘系统语言？还有谁会自发地表现出热情、入迷和耐心这些每一次复杂和创造性的努力所必备的情感呢？

两个哺乳动物之间的成功同步是一种马戏团的特技，在这个过程中，双方互相感受对方的节奏，然后相应地调整自己的节奏。父母和孩子就像马戏团的杂技演员，可以熟练地交换手中的保龄球，陌生人不可能在不中断的情况下顺利加入他们的节奏。严峻的事实是，很少有看护儿童的从业人员会发自内心地从真正意义上去爱别人的孩子——即使他们有这种想法，这个任务也是极其艰难的。更糟糕的是，通常非住家型的儿童看护人面对的不仅仅是一个客户孩子的复杂情感需求，客户多的时候，他们需要同时应对3~6个孩子复杂的情感需求。这种规模经济的出现有明显的理由，但是它们带来的客观后果对于孩子不断发展的情感需求极其不利。马克·吐温认为，完全理解孩子的看护人，与不理解孩子的看护人之间的区别，就像是闪电和萤火虫的差别。

由于父母持续性的陪伴以及发自内心的奉献，在其他条件都相同的情况下——有时也不是都相同——父母最有可能满足婴儿的大脑边缘系统需求。一旦忽略父母的优势地位，由日托机构看护孩子的缺点就暴露出来了。婴儿的大脑天生就需要与一些人保持持续的协调关系，这些人也倾向于觉得婴儿是世间最迷人的生物，是令人激动的强大的轴心，可以吸引他们的心灵为之转动。

相反，婴儿发现自己需要与其他同伴一起争夺一个对他没什么感情的父母替身的情感关注。父母对孩子全心全意的爱会与那些一个接一个的陌生人不完整的关注一样，对孩子的大脑发育产生一样的效果吗？如果非要认为是一样的效果，那么这种认同只是一种希望，而不是合理的推测。

婴儿需要父母多少的关爱，才能让他顺利通过没有人情味的边缘平地？爱是一种身体过程，因此必须花费大量时间。每周，孩子的家庭外活动时间范围是0~168个小时，也就是从"完全没有"到"整整一周"。在这两种极端情况之间，一定存在一个特定的数值——我们称为X小时——此时与父母分开造成的影响，会从微乎其微转变为情感危机。

大多数人认为，X的数值因人而异，随着年龄增加——婴儿需要与父母在一起的时间最多，幼儿稍微少一点，再大一点的孩子更少。在任何一个特定的年龄段，X的数值究竟是多少呢？X等于每周5个小时、10个小时、20个小时、40个小时，还是80个小时呢？由于大量令人困惑的变量激增，还有许多来自争执各方的同样令人困惑的夸大其词和歪曲事实，研究X数值并非易事。一些研究者已经证明，一岁以下的孩子，如果每周在日间托儿所的时间超过20个小时，将会增大孩子产生不安全感和消极情绪的风险。又有持不同意见的研究发现，如果孩子接受高质量的看护：经费充足，看护人员工作能力强，成人一儿童比例合理，看护人员流动率低，过多的日托时间不会对孩子造成明显的伤害——而美国的托儿所条件与这些要求相去甚远。

　　美国拥有高比例的单亲家庭和双职工家庭，因此探究*X*的数值对我们社会来说是刻不容缓的。然而不幸的是，我们现在却在不断拖延这项研究。人们对最初的日托数据大肆指责，遏制了有意义的科学辩论。心理学家罗伯特·凯伦（Robert Karen）描述了他在搜集一本书的素材时，想要研究者发表任何实质性的观点是多么困难。当触及日托问题时，在其他方面健谈的科学家沉默了，显然是受到政治气候的恐吓。一位发育研究者对凯伦说：“我不会有任何意见。”（如果他都没有意见，还有谁会有？）当凯伦坚持请他发表意见时，他修正了他那令人难以置信的立场，说出了令人惋惜的一句话：“我不会公开发表我的观点。”

　　科学出现之后，所有文化都保护某些观点免遭经验主义的冷眼，因为在经验主义眼里，只要有可能产生不利后果都注定不会被接受。此时此境，我们的文化倡导符合最低雇佣要求的成年人就必须有工作和事业，即使孩子少有家人陪伴，也活得很好。未来的科学会评价说，我们的文化对上述观点的依赖程度，与其最终的健全程度毫无关系。威廉·加斯[1]写道：“你可以为某个目标而奋斗并让其实现，但永远不能让一个观点像愿望一样变成现实，因为它的真实性——谢天谢地——需要大家的验证。”在现代美国社会，忽视父母之爱对儿童的发育作用是极其危险的。选择忽略就是自找麻烦。如果我们请父母考

1　William Gass，美国后现代作家、语言哲学教授、文学评论家——译者注

虑现代的生活方式可能会让他们的孩子缺少重要的边缘营养，缺少神经维生素，缺少抵抗未来疾病的情感疫苗——那么我们很可能会引起父母的内疚和悲伤。但倘若我们对这个问题置之不理，父母就会不知不觉地伤害孩子，最后每个人都会觉得更糟糕。

然而，这些事情与那些别无选择的父母毫不相关——就像最理想的营养膳食对买不起食物的人毫无用处一样。但是，有些父母的确暂时还有改变的余地，有些可以改变的余地远超他们的想象。很多父母，尤其是母亲，每次只离开孩子几天就会非常痛苦。如果没有最仔细的考量和最好的证据，这种程度的边缘情感痛苦不应该被当作小事而被忽略。有的父母想要待业在家照顾孩子时，我们的文化就会善意地劝告：你那么聪明，那么有才华，为什么不愿意利用你的时间干点什么呢？这隐含的意思很明显：爱不会有任何建树和成就，它没有做我们需要做的任何事情。这就是赤裸裸的价值绑架，我们的文化自动将全职父母等同于缺乏抱负的一类人。既然这样，那么哪种人类活动会更有价值呢？

政府就是将文化心态转化为社会政策的机器。亚里士多德说："凡是社会所崇尚的，都会被培养出来。"只需看一看我们的社会计划，就能窥见社会的盛行之风。一方面，保守党取消福利，这样单身母亲就不得不把孩子扔在一边去工作——不是抚养孩子的工作，而是我们的文化所重视和推崇的真正的工作。另一方面，自由党支持日托方案，号召扩大委托监护机构的规模。夹杂在中间的美国父母，陷入困境，不受重视，被包围起来。

父母付出了太多的时间、关心、耐心、食物、指导和关爱，因此他们也有必要获得情感补给，从而维持平衡。两位父母的存在既不是无缘无故的多余，也不仅是经济优势，因为父母需要互相支持和补给。然而在越来越多的家庭中，总是父母中的某一方独自承担了过多的负担。1/3的美国孩子在单身母亲家庭长大；1/2的孩子18岁之前都是生活在单亲家庭。这种成长环境的后果是不言而喻的：缺少足够关爱的父母，给予任何人（包括他们的孩子）的关爱也会变少。美国心理学家朱迪斯·沃勒斯坦（Judith Wallerstein）对离婚后的家庭做了长达五年的追踪调查，她发现，孩子在成长的每一个阶段都有"惊人的高抑郁率"。她写道，离婚对孩子最大的威胁在于，家庭关系破裂之后，父母对孩子的关爱逐渐减少或者终止，而且在离婚后的情况会更加严重。

人类的大脑边缘系统联系使得任何社会结构相互依赖，任何不安情绪都在此结构中由内向外扩散并反弹回来。如果父母不能一直凝聚在一起，保持家庭的完整来满足儿童必需的心理需求，那么孩子就不可能在这种环境下茁壮成长。而且，没有体会到爱的完整性的年轻人，当他们与另一个人建立情感的纽带时，会异常艰难。孩子的情感命运与父母相互关爱的能力是密不可分的——然而这种能力却正在遭到破坏。

二重奏的动力

任何关系，包括爱情，都是边缘能量的神奇联结。人类经历了无数年代才熟悉了这些古老的力量，但今天我们似乎比以往任何时候都更少理解它们的本质。亲密关系明显地困扰着我们无边缘意识的文化。书店里充斥着各种教人们如何处理人际关系的入门书，好像没人知道怎么做似的。这种无知看似合法，却多么无理，令人心痛。陀思妥耶夫斯基写道："父辈们、师长们，我在考虑'什么是地狱'这个问题。我认为，因为不能爱而痛苦，这就是地狱。"太多人一生都在遭受这炼狱般的煎熬，终生寻求救赎而无果。他们不知道的是什么呢？我们的文化没有教的是什么呢？

爱的简单方程式，是这样的：*维持情感关系需要时间*。这如同蜜蜂需要吸食花粉，有氧呼吸的细胞需要氧气一样：这是亘古不变的唯一要求，不能让步或替代。就像消化运动或骨骼生长一样，相互关系是一种生理过程，不容许貌似合理的加速。因此，适应他人的情感节奏并维持这个节奏，需要长期坚持。

美国人已经习惯了现代生活的高效率，诸如微波炉、激光扫描仪、性能优越的计算机、高速网络访问等。为什么人际关系会有不同呢？难道我们不能压缩它需要的时间，让它比十年、一百年甚至一千年以前需要的时间更少吗？大脑边缘系统明确的否定答案让我们的文化感到惊讶。当人际关系因为疏忽而慢慢变淡时，现代美国人就会由衷地感到困惑不已。但是，每一次再相聚又会恢复之前的关系。然而我们的文化让我们错误地认为社会关系是持久的——一旦建立，就永远可以建立；一旦建立，数周、数月、数年以后也能恢复如初。但事实却如剧作家让·季洛杜（Jean Giraudoux）说的那样可怕："如果让两个相爱的人短时间失去联系，那么这种失联可能会越来越长，变成一个月、一年，甚至一个世纪，最后一切都无法挽回。"

有些情侣不能爱对方，因为他们都没有花足够的时间参与对方的生活，让爱产生。通信技术的进步营造了一种相聚的虚假幻想，尽管电话、传真、邮件给人一种相互联系的感觉，却没有任何实质性交流。当一段关系出现裂痕只是因为缺少时间来维系，双方通常都认为此时感情已无法挽回。情侣一起做的每一项活动，诸如打扫房间、阅读新闻、核对账簿，都是不可或缺的。

这样的生活方式代价太昂贵。在开动救生筏的时候，谨慎的求生主义者肯定不会把食物扔掉而留下甲板上的家具。如果有人必须放弃生活中的一部分，那么与伴侣在一起的时光应该是最后的选择，因为他的生存需要两人之间的联系。

情侣们从朋友、同事、家人——他们的世界那里得不到上述建议。相反，他们被鼓励去获取成功，而不是相互依恋。美国人相互激励要去实现目标，有所收获——因为美国梦就强调，工业能够创造乐土，没有人想错失分享天堂的机会。当完成一项事业并没有带来快乐——因为它本来就不能——很少有人停下来思考他们的假想，大多数人只是加倍地努力。他们让这个"职业离心机"转得越快，机器的运转声就会越大，从而淹没他们内心的智慧之声。

当美国人开始与他人建立联系时，他们发现自己数年来一直被误导。在形式重于内容的宣扬下，我们的文化更青睐瞬间坠入爱河，而忽视了相爱这一行为的重要性。

儿童协调适应父母的情感模式并将它们保留下来。在以后的生活中，如果他遇上了一个相配的人，钥匙滑进生物锁，顺利打开，然后他便坠入爱河。边缘系统的结构极其精确，令人惊叹。无论是在拥有500万人口的城市，还是在2.7亿人口的国家，甚至是在60亿人口的地球上，在挑选伴侣方面，人们和祖先怀着同样的感情，并且为之神魂颠倒。恋爱中下面这三点总是相互交织：坚定地认为对方是此生最合适的伴侣；难以抑制地渴望肌肤之亲；失去理智地忽视其他一切事物。在一切心理现象中，恋爱就像一只灿烂夺目的眼罩，唯有它可以改变现实。正如伊丽莎白·芭蕾特·勃朗宁[1]所说："任何坠入爱河之人，都会相信不可能之事。"

我们的社会欣赏狂热地坠入爱河，坚持认为愉悦而又短暂的疯狂是至高无上的。我们的文化告诉大众，如果他们不能长期保持活力，他们就到达不到人际关系的顶峰。每种流行文化媒体塑造的感情巅峰就是，一对互相吸引但毫不了解的人翻滚到床上，充满激情地发生性关系。我们被告知，我们爱情生活中所有清醒

---

1 Elizabeth Barrett Browning，1806—1861，英国维多利亚时期诗人。——译者注

的时刻都应该朝着这种悸动的、多情的爱情巅峰而努力。然而，这种恋爱只能让玩弄爱情的人聚在一起，而且恋爱的序曲势必会结束，就像它充满情欲一样。真正的爱情联结只有在令人陶醉的激情消减之后才有可能开花结果。

爱与坠入爱河是两个完全不同的边缘行为。爱是相互的，是二人同步的协调和调整。因此，成人的爱情关键取决于了解另一个人。坠入爱河只需要两人短暂地相识就可以建立感情关系，不需要从头到尾仔细阅读爱人的灵魂之书。爱源自二人的亲密关系，以及对一个陌生灵魂长期而细致的观察。

每个人了解另一个自己的能力都不尽相同，因此他们爱的能力也各有差异。孩子的早期经历教会他这种爱的能力，这种能力与父母对孩子的了解程度成正比。父母如果能积极回应孩子，并与其建立稳定的边缘联系，有助于培养孩子优秀的情感能力。孩子便可以了解他人，形成情感意识，并对他感知的事物作出回应。扭曲的吸引子让人无法自由健康地去爱，他的心灵无法凝聚，就像眼睛无法聚焦一样，总是看不见眼前的人。于是，这颗没有归宿的心灵，无法在爱的二重奏中跟上对方的节奏和旋律。

爱是一种相互的生理影响，它需要的关系比我们多数人意识到的更深厚、更实在。边缘调节使得爱人们可以相互协调情感状态、神经生理、荷尔蒙水平、免疫功能、睡眠节奏及稳定性。如果有一方出行，留下的那一方可能会失眠、感冒、月经周期延长，而两人在一起时，则完全可以抵抗这些症状。

情侣中的一方神经上根深蒂固的吸引子会扭曲另一方情感的虚拟性，从而改变他的情感认知：他的所感、所见、所知。如果有人失去了伴侣，然后说自己身体的一部分已经丢失了，其实他说得再正确不过了。因为他的部分神经活动必须依赖伴侣鲜活的大脑才能进行。没有另一个鲜活的大脑，他体内脑电波的相互作用会发生改变。爱人们互相掌握着对方身份的钥匙，改写对方神经网络的结构。他们的边缘系统联系使得一方能够影响另一方的身份和发展。

我们的社会将交易的艺术置于首位，使得相互关系沦落至不相称的无人问津的地步。当代社会盛行的谬见是：*感情是50对50的*（即如果感情中的付出以100分为满分，那么双方的付出就应该是50分对50分）。根据这种错误的信条，如果一个人为对方做了一件非常美好的事情，那么他理应得到同样美好的回报，而且是越早越好。然而，爱这种生理机能不是交易，它是一种同步的相互调节。在这个过程中，爱的双方相互满足对方的需求，因为这种需求是自己无法满足的。这种关系不是50对50——而是100对100。爱的双方都持久地照顾着对方，在这种一致的相互关爱中，双方得以正常健康地生活。对于达到这种状态的人来说，深深的情感依恋带来巨大的益处——受到调节的人感到完整，被关注，有活力。他们的生理机能稳定，面对生活中的压力，甚至是一些极端境遇，他们都能从容适应。

因为感情是相互的，因此情侣双方共享同一种命运：没有哪种行为能让一方受益同时伤害另一方。感情中想占便宜的一方，自认为可以用诡计说服对方满足他的需求，但他注定不会得逞。他在拒绝交换的同时，不仅削弱了健康的另一方关爱他的能力，也污染了另一方汲取养料的源泉，而这养料恰恰是另一方打算赠予他的。一对情侣参与同一项活动，表演同一支舞蹈，欣赏同一个故事。一切促进这些事情之物都施惠于双方，一切破坏这些事情之物都伤害了双方。

现代社会那些谈情说爱之人一想到要在感情中付出又不能保证得到回报，就感到困惑震惊。然而，爱情中正是缺少这种得到回报的保障，才把给予和精明的算计区分开来。爱不能被萃取、被命令、被要求，或者被哄骗。爱，只能给予。

精通爱之道的文化，会理解人际关系对时间的需求，会教授坠入爱河与爱的区别，会赋予其成员赖以生存的相互关系的价值。深谙情感生活之道的文化，会鼓励和提倡那些维持健康的活动——与伴侣和孩子相守，与家庭、亲人、社会保持联系。这样的社会将引导民众在相互依恋中找到快乐——这种依恋正是伯特兰·罗素所说的"在一个神秘的缩影中，看到曾被圣人和诗人想象过的天堂里的景象"。

那种文化与我们的文化的差别是非常明显的。边缘情感追求在美国社会的地位慢慢下降而且越来越低。排在优先顺序列表的最前面的依然是追求财富、姣好的身材、年轻的外貌，以及变幻莫测的身份地位标志物。实现这些追求的时候，我们能够体验到短暂的快乐，如最近一次购物的小小愉悦、炫耀这次晋升或者某件小饰品的瞬间快感——但这里只有高兴，而不是满足。只有那些巧妙地避开美国价值观的人才能得到真正的幸福快乐。这些反叛美国价值观的人一定会放弃尊贵的头衔、富有魅力的朋友、异国情调的度假、健美的腹肌、所有名师设计的物品——所有进入上层社会的骄傲的标志——作为交换，他们可能有机会过上有尊严的生活。

真相与后果

就在午夜的钟声敲响前，当埃比尼泽·斯克鲁奇（Ebenezer Scrooge）正在与"圣诞现在幽灵"[1]做最后的讨论时，突然，他瞥见两个骨瘦如柴的人蜷缩在幽灵的绿色长袍下。幽灵告诉他，他们是人类的两个孩子——无知与欲望。斯克鲁奇胆战心惊地望着他们可怜憔悴的样子，很想为他们做点儿什么。他高声问道："难道就没有能帮助他们的避难所和物质吗？"幽灵反问道："难道没有监狱吗？"幽灵毫不留情地用斯克鲁奇曾经咒骂过乞丐的话来讽刺他。"难道没有济贫院吗？"这时，十二点的钟声响起，斯克鲁奇看见了他的最后一个也是最不宽容的幽灵——圣诞未来幽灵。

正如那两个让斯克鲁奇害怕的人，我们的时代里，那些忧郁

---

1 狄更斯小说《圣诞颂歌》中的形象。——译者注

的孩子也让人目不忍睹。如果一个社会阻碍大脑边缘系统机制的发展，就会和现在的美国社会一样，日常生活中充满一系列痛苦。

当内心支撑不住时

如果没有丰富的边缘共振，孩子就不知道如何用自己的大脑边缘系统去感知，如何打开情感通道并理解自己和他人。如果孩子没有足够的机会进行边缘调节，他就无法内化情感平衡。有这种心理缺陷的孩子长大了就会成为脆弱的成年人，依然无法获得清晰的自我认知，无法调节情感，而且一旦有压力与威胁，便陷入混乱之中。

边缘缺省引起的首要后果就是焦虑和抑郁。孩子在抗拒独睡的早期阶段，他们的主要情感是神经紧张、惊恐。如果继续让孩子独睡，他们渐渐变得嗜睡、绝望、抑郁。幼年时期遭遇情感分离的猕猴会终生遭受紧张和抑郁这一对形影不离的状态的困扰，这在灵长类社会亦是如此。幼年时期亲密的母子关系培养孩子持续适应压力变化的能力，而幼年时期对孩子疏忽与忽略则让孩子更容易受压力影响。缺乏安全感的孩子，面对刺激时，大脑中会产生过多的应激激素和神经递质，这种反应会延续到成年。微弱的紧张刺激就会让他们过度焦虑，更严重的刺激会将他们推向抑郁的深渊。

抑郁和焦虑这两种情绪状态迅速蔓延，每年花掉美国500多亿美元，在巨额医疗费用的背后是巨大的痛苦。而且巨大的痛苦还在不断地增加：自1960年起，美国的抑郁症患病率一直在逐步上升。在此期间，年轻人的自杀率翻了三倍；自杀已经成了青少年死亡的头号杀手。儿童福利的报道详细阐述了他们的营养状态、铅接触以及汽车安全带的设计，却忽略了他们生活中爱的稳定程度和质量高低，但其实我们本可以像关注校园午餐中蔬菜含量一样，关注儿童与父母的这些关系。

缺乏坚定内心的人，迫切需要填满内心的空缺——当他在人生的大海航行时，他需要为他指明方向的灯塔。因为他不能使用可以了解自己和他人内心的边缘工具，所以他只能寻找外部的线索——那些他可以确定的事物。情感依恋受阻和边缘情感断裂导致肤浅和自恋。人们看不到实质就只能接受表象。他们不顾一切地抓住表象，很像那些别无选择的人一样。在日益肤浅的文化中，外科整形代替了健康，上相、上镜胜过优秀的领导力，花言巧语压倒了正直诚实，话语片段取代了完整话语，而且在不断变换的政治立场前，改变当下也逐渐消失。当社会与边缘系统基石失去联系，社会将失去方向，人们的真实追求也势必受到影响。

如果一种文明的依恋结构遭到破坏，如果人们无法从他们的人际关系中获得那些关系本应提供的情感调节，他们将会使用一切能够找到的边缘调整方式。他们饥饿的大脑会从一系列毫无益处的物质中寻求满足，诸如酒精、海洛因、可卡因等类似的事物。由于社会中越来越多的人无法通过神经过程达到情感平衡，街头的吸毒者也会越来越多。

媒体周期性的报道让我们及时了解到美国与毒品做斗争的战况。但我们国家真正需要斗争的不是毒品本身，而是边缘痛苦——孤立、悲伤、痛苦、焦虑、孤独和绝望。我们的文化在这场斗争中一败涂地，数百万人设法用毒品控制脆弱的情感器官，以求从日常的焦虑中暂时解脱出来。如果这些药物实验取得成功——如果它们能够真正增加人们的幸福感和情感满足——谁会反对呢？然而，用简单的化学疗法治疗情感疼痛只会带来灾难性的后果。大街上贩卖的调节情绪的药剂，十几分钟甚至数个小时之内确实缓解了疼痛，然后药效消失，留下的是更强烈的痛苦。重复使用这些药剂会毁坏神经系统，让已经绝望的生活雪上加霜。

美国的反毒品特使极力劝诱我们相信，毒品上瘾是因为街头流传的那些毒品就像航海传奇中的北欧海怪克拉肯一样，摄人心魄：这些毒品就像邪恶的嗜血怪兽，只要轻轻触碰，就足以让一个孩子健康的心灵永远陷入黑暗的深渊。不过，这一观点遭到了事实的反驳。现代的药剂师们（有些是在地下室仓库里）将一些药物混合，调制出了比原始药物效力更强劲的药饵——毒品。但让我们来看看可卡因的成瘾人数吧，它是目前已知的最容易上瘾的物质。在所有尝试过可卡因的人群中，只有不到1%的人上瘾——剩下99%的人都远离了这种药物。正如马尔科姆·格拉德威尔[1]曾经说的，这种惊人的差异说明，问题的根本不在可卡因本身，而在于那1%的人无法抗拒可卡因对他们情感产生的效果。美国花费数十亿美元阻止这些毒品流入境内，但这笔巨款或许更应该用来确保我们孩子的大脑可以最大限度地抵抗这些毒品的诱惑。

有些先天遗传气质会使人更愿意尝试毒品，并且更容易对它们产生依赖性。神经科学目前对此现象还没有解决办法；除了提供基础的科研基金，普通民众对这问题无能为力。但是，研究也发现，家庭养育和先天因素一样，能够影响一切神经方面的事物，调整孩子对毒品的抵抗力。一次又一次的研究表明，在亲密的家庭关系中成长的孩子，不太可能受到毒瘾的侵扰。即使是在理想环境下，青少年时期也会经历情感的波动、角色的变化和成长的烦恼。如果青少年没有在家庭关系中获得边缘稳定性，他们明显更容易受到外界化学药品的影响。

如何解决美国毒品泛滥的问题，一直是美国的保守派和自由派争论的焦点。保守派要求对上瘾的人实行长期监禁刑罚，而自由派则号召开展更多的戒毒项目。他们双方都不愿承认，其实任何一种方法都无法让美国摆脱这个大难题。将吸毒成瘾者移交刑罚处置并不能让情况有所改善，因为我们的体制里充斥着大量的毒品供应和刺激人们使用毒品的因素。事实证明，在立法者愿意拨款的时候，治疗毒瘾要有效得多——然而，因为毒品成瘾者缺

1　Malcolm Gladwell，加拿大记者，《纽约客》特约撰稿人。——译者注

少说客，这种情况很少发生。

我们对边缘法则的文化认知决定了我们希望在抗击毒品战争中采取的措施。宣讲药品上瘾的弊端能够防止青少年对药品的依赖吗？不要相信这种说法。尽管这种说法的初衷是有价值的，但这些说教只能作用于大脑皮层，而对大脑边缘系统无效。痛苦是使用毒品的强大动因，陈列事实是无法将其消解的。假装不是这样就是一种软弱无力的幻觉，只能说服那些已经基本感觉很好的人。漫不经心地说"不"是在假设人的大脑和意志是可以分离的。事实上它们不可分离。大脑边缘系统不稳定逐渐破坏了脑神经能力，使其不能决意去做那些充满信心的口号号召它们去做的事情。

匿名戒毒会及其类似的组织证明，毒品成瘾者要避免复发，更需要交流恳谈而不是闭门思过。大家聚在一起分享各自的经历会产生难以言说的力量，这就是美国诗人罗伯特·弗罗斯特[1]在他的文章中提到的"对生命的一点澄清——未必是什么了不起的大觉大悟，像宗教教派赖以建立的那种，而只是短暂地停止困惑"。群体的大脑边缘系统调节可以重建成员的情感平衡，使他们感受到自信和完整。然而，即使是这些牢固的随处可见的戒毒会也不是灵丹妙药。很多时候，上瘾者会再次使用毒品，重新体验它带来的短暂缓解。

监禁和治疗都有它们的缺点。预防是一种有效的方法——不

1　Robert Frost，1874—1963，美国著名诗人。——译者注

是发布电视广告和宣传手册，而是大自然提供的宝贵的预防方法，即家庭在孩子幼年时给予的爱。细心、全面、耐心地养育孩子，可以使他们的大脑抵御压力的伤害，就像索尔克疫苗[1]可以帮助他们保护身体免受脊髓灰质炎侵害。爱是而且将永远是预防绝望（街头毒品是其有效的"解药"）最有效的疫苗。

有限的伙伴关系

大脑边缘系统使哺乳动物像乐高积木一样随时与同伴紧密相连。人们和丈夫、妻子、孩子、朋友、校友、家附近的棒球队、他们工作的公司等各式各样的人物和团体建立持久的联系。谁不会在卖旧车的时候，或是望着陪伴许久的牛仔裤时，感到依依不舍？就像康拉德·洛伦茨[2]研究的小鹅一样，人们有时候会对一些无法对他们作出回应的物品产生依恋之情。脱离人际关系，大脑边缘系统倾向可能会出现偏差。如果一个人的大脑瞄准的是一个情感迟钝的潜在伙伴，依恋需求会驱使他与任何并不能满足他的需求的伙伴建立联系，就像飞蛾对着柔和夏夜的街灯扑扇翅膀一样。哺乳动物能看到无生命的物体体内发出的迷惑的光，追求一种虚假的依恋，在这个过程中，期待的相互交流永远无法实现。

现代社会最危险的虚假依恋关系出现在人和公司之间。在这个减员裁员精简机构的时代，兢兢业业的员工为公司忠诚奉

1　由美国科学家乔纳斯·索尔克于1952年研制而成。——译者注
2　Konrad Lorenz, 1903—1989, 奥地利动物学家。——译者注

献多年后突然被终止劳动合同，这种现象已经变得非常典型了。在这种残酷的现象背后，成千上万的人在工作上呕心沥血，在团队中竭诚奉献，他们的付出远远超出他们得到的报酬，最后还是随随便便地被辞退了。许多这样的人就是受到了依恋机制的伤害，而依恋机制本该给他们带来幸福，最后却反倒让他们陷入了困境。

自然的边缘系统倾向包括忠诚、关心和喜爱。海明威曾写道："当你爱时，你就想为对方做些什么。你愿意牺牲，你希望服务。"在它们预设的环境——家庭——之中，这些情感冲动造就了肥沃的土壤，健康的亲密关系在里面生根发芽。工作场所与家庭极其相似——事实上，在大部分人类历史上，工作环境就是他们的家。在这两种环境中，人们会遇到和蔼可亲的伙伴、有权威的监管者，共同分享的艰苦劳动。

不过，公司与家庭之间还是存在着巨大的差异。与家庭不同的是，人对公司的依恋需求会导致利用和剥削：因为公司没有情感冲动，而人有情感冲动。公司没有人一样的边缘系统使其认识到自身的内在价值。忠诚于公司、效忠公司实体的员工——公司实体法律上是一个人，但生理上其实只是一个幻影——就被欺骗签订了这份危险的单边合同。

因为健康的人拥有大脑边缘系统生理机能，他们很难强迫自己接受这个陌生而卑鄙的事实：*内在机制对伤害大脑边缘系统领域之外的人没有限制。*帮助士兵作战斗准备不仅要教授他们征服对手必需的格斗技巧，还要给他们灌输"敌人"这种情感观。要达到这个心理目标，需要切断"我们"和"他们"之间的精神联系，同时加强团体内部的联系。战争双方都会告诉即将参战的将士们，*敌人与我们不同，他们低能、残忍、禽兽不如*。普通士兵不是为了崇高的政治理想而战斗，而是因为杀人狂魔威胁到了他自己，以及与他共同努力、经历磨难、相互关爱的家人的安全。因为各个团体之间缺乏边缘联系，历史充满了残暴与无情。

　　企业的不法行为让许多人震惊，但是企业毫无疑问和军队一样，在依恋关系范围之外运作。不法行为——甚至暴行——都是不可避免的。烟草行业引发的死亡远远高于历史上任何一场战争，它之所以可以这样对待我们自己的民众——是因为我们自己是有边缘系统情感的，不同于企业、准则。美国约翰斯-曼维尔公司 ¹ 掩盖石棉的致命危害时，不是让陌生人，而是让公司成百上千的员工，置身于未能察觉的死亡威胁之下。任何卑鄙之人都可能做出同样的行径。误以为存在相互关系，是人类偶尔会犯的严重的致命错误。在曼维尔公司起诉案中，前帕特森工业委员会主席查尔斯·罗默（Charles Roemer）叙述了他与曼维尔总裁刘易斯·布朗（Lewis Brown）以及他的兄弟，曼维尔公司律师范迪维尔·布朗（Vandiver Brown）在一次午餐会上的谈话。当时，范迪维尔嘲笑其他的石棉生产商，认为他们告知工人在工作期间患上了终身绝症简直是愚蠢至极。罗默先生证言如下："我

1　Johns Manville Corporation，全球建筑产品制造商。——译者注

问道："布朗先生，你是想告诉我你打算让你的工人一直为你工作，直到他们突然死亡吗？"他说："是的，这样我们可以节省一大笔资金。'"

让自己融入一个大家庭的强烈愿望——与他人共同努力，成为团队、乐队、群体中的一分子并为共同的胜利而奋斗——这是人类精神和大脑不屈不挠的一面。当一个文化中的成员们都对爱如饥似渴却对爱的原理一无所知时，太多的人便会将他们的爱孤注一掷地倾注在贫瘠的公司上，最终却一无所获。

我们到底需要什么

父母与孩子之间的大脑边缘系统调节可以引导孩子的神经发育，因此社会接触有助于将孩子培养成一个功能完善的人。如果没有父母的指导，影响神经系统发育的隔离增多，各种不成熟行为会混乱地交织在一起。隔离饲养的猕猴不像健康的同类生物，会产生可怕的撞头、挖眼等畸形行为。猕猴也必须以正常的类人猿方式养育，即使是在吃喝方面也要给予母亲般的照顾。

灵长类动物的隔离饲养对我们深有启发。进攻是一种极其复杂的行为，它需要精确的神经控制——缺乏攻击性不利于个体生存，攻击性太强又会影响群居动物的和谐共存。通过观察由父母抚养长大的猕猴，神经科学家们发现个体攻击性和大脑中协调神经传导物质水平之间存在一致性。正常的个体大脑中充满了成千上万的这样微妙的节奏，就像微观机械结构组成和协调个体的行为。缺乏早期边缘调节的猴子失去了调整进攻行为的神经组织和能力。他们的攻击性易变，不可预测，混乱、不稳定。这种情形是无法补救的，即使当前先进的神经药物治疗也无济于事。加里·克雷默（Gary Kraemer）的观察报告更是令人恐惧，他说："隔离抚养的猕猴无法遵循普通的神经生物学规则，也无法适应一般的社会规则……利用越来越具体化的药物学原理来治疗一般的脑部功能紊乱也不太可能成功。"

哺乳动物需要相互联系来确保他们的神经生理机能能够正确地融合，因此要成为具有完整社会功能的人，主要依赖人类的相互联系——爱的生理塑造力量。孩子幼年受到的关爱过少，长大后可能会威胁这个疏忽他的社会。灵长类动物的大脑中抑制暴力行为的神经结构异常复杂、相互作用，他们无法自我组装，因此边缘系统遭到破坏的人对外界有致命的威胁。如果对孩子的忽视程度非常严重，那么他们长大后可能会成为具有高智商的可怕的爬行动物。这样的动物伤害别人后不会后悔。他们会因为轻微的挫折或最少的利益就随意杀害他人，因为他们没有抑制这种暴行的内在动因。一个抢劫并伤害他人的年轻人这样解释自己的行为："我又不是她，我有什么好在乎的？"

美国造就了大量冷酷的杀手。一百年前，开膛手杰克[1]因为接连杀死5个人而引起了西方世界的关注。但这在我们的文化里几乎不会引起关注——因为有太多人的暴行都超过了这个古怪的

1　英国伦敦系列凶杀案的凶手绰号。——译者注

业余开膛手，我们根本记不住他们的名字，更不用说他们的恶行了。这些无情的杀手并非偶然出现的。他们就像一只复仇的不死鸟，从本可以成长为健康人的神经残骸中重生。

随着情况恶化，暴力犯罪者的年龄越来越小。我们的文化中充满了有致命危险可能的孩子。在科罗拉多州，两个少年用炸弹和自动武器有计划地杀死了12名同学、1名老师，还有他们自己。在阿肯色州，一个11岁的男孩和一个13岁的男孩冷漠地伏击并射杀了一群孩子和老师——导致5人死亡、10人受伤。在加利福尼亚，法庭起诉了一个将幼儿打死的12岁少年。在奥克兰，一个6岁的孩子闯进一所公寓并踢踹婴儿的头颅，为此他被控告企图谋杀——成为美国历史上此罪名下年纪最小的罪犯。这些骇人听闻的事实，引起了全民的紧张、困惑和绝望。

这样的故事是悲剧性的，但并不像大家所想的那么神秘。大脑边缘系统缺陷引发了不可控制的暴力行为，这是很久之前在我们脆弱的生理机能中就形成的。回想一下前文曾经提到的，未受到父母良好照顾的孩子会出现数十亿的神经细胞缺失。唯恐有人认为这些细胞的消失无关紧要，我们自己的孩子现在就证明，事实并不是这样的。

正如温斯顿·丘吉尔所说，对任何社会群体而言，给婴儿喂奶都是最好的投资。每一个婴儿身上都有人性潜能，但它的健康发展不是上天赐予的，而是需要我们为之努力的。如果我们不庇护这团花火，不引导它、培育它，那么我们不仅失去了里面的生命，而且以后会导致我们自己的毁灭。

主要的恐惧制造者

美国很多机构的发展趋势虽然说不上令人惊慌，但也是让人担忧的。我们的教育陷入围城之中，这个世界上最富裕国家的教室定期地培养大批学术无能的人。拥挤的法庭变得萧条，几乎处于停滞状态，停下了改革的步伐，时不时地做出一些越来越背离我们正义常识的判决。政客们陷入了募集资金以便有机会在电视上互相诋毁的怪圈，于是政府便沦为了一场疯狂的好处拍卖会，就是这样。所有这些趋势都关系到边缘领域。

具有讽刺意味的是，美国最每况愈下的制度之一竟然是治病救人这种古老的使命。20世纪临床医药经历了两部分变化。首先，医生和患者之间的关系出现了问题；其次，日渐恶化的医患关系中残留的一点真诚也遭到了激进的改革的冲击。

在医学重建的早期阶段，医生无意之中便离人情味越来越远。20世纪前半叶出现了令人眼花缭乱的科技成果——抗生素、疫苗、X光、麻醉剂——使得疾病诊断变得更加精准，治疗能力也空前地提高。与此同时，医生也开始疏远患者。在过去的30年里，西方医学技术精良但又不受欢迎，这似乎成了无法解释的悖论。美国人接收到了世界上最先进的治疗，无论在治疗效果还是治疗范围上都是生物力学上的奇迹。然而，患者却怨声载道。患者说医生不听他们诉说病情，他们是冷漠和忙碌的技术专家。其实患者说得对，因为美国的医学已经开始依赖智力作为治病的手段了。正当大脑边缘系统明星逐渐失宠时，大脑新皮质迅速在医学领域占据了优势地位。

医生曾经知道，但是又被长期搁置一边的事实是患者需要的既是治疗师，又是专家。疾病唤醒了沉睡的依恋机制，它唤醒了患者的边缘需求。患者去看医生时，希望接受先进仪器检查，得到准确的诊断，获得合理的治疗。他们也想有人不在乎他们的病痛，能够与他们建立关系；他们希望有一只温暖的手放在他们的肩上，希望与同样经历过这种情况的人交谈而获得安全感。一位生命行将结束的患者这样说：

我不想占用医生很多时间。我只是希望他花五分钟时间仔细考虑我的病情，希望他能全心为我考虑一次，和我短暂地待一会儿，审视我的心灵和我的肉体从而了解我的病情……我希望我的医生能仔细看看我，能探索我的灵魂，也检查一下我的前列腺。没有这样的诊断，我什么都不是，只是我的疾病。

西方医学对这种治疗方法不屑一顾，认为它们是不能重复使用的关怀备至，是忙碌的日程安排不允许给予的奢侈品。"医生对患者的态度"变成了匆促的思想交流，可以让患者稍感安心但是可有可无、不关紧要，尤其是跟真正的病理生理学相比较时，更是如此。

医学忽略了这样一个事实：依恋是一种生理机能。优秀的医生一直都清楚良好的医患关系能帮助治疗。事实上，优秀的医生在任何现代治疗仪器出现之前就存在了，在过去的数个世纪里，唯一的药方是魅力药方，其治疗效果源自治疗师的人格魅力。卓越的实验检测结果和检测程序，以及它们制服疾病这个狡猾的敌人时的优势，都让人无法拒绝。西方医学欣然接受了有效的治疗机械，同时也抛弃了它的历史灵魂。

边缘关注就像听诊器一样，曾经在医学中充当重要的角色，但是现在已经不加选择地被弃用，为此我们付出了沉重的代价。1994年，一篇发表在欧洲最权威的医学期刊《柳叶刀》上的文章提倡学校应该给医学生教授表演技巧。将戏剧表演加入到培养方案中有何用处？为医生提供一种假装关心患者的方法，因为他们缺乏关心这一点实在是太明显、太尴尬了。医学悲情人士这样写道："我们建议，如果医生确实很反感患者，他们至少应该装作关心的样子。"

于是，我们最优秀的医生，没有感到任何讽刺和羞愧，就用表演艺术传递医生和患者之间的良好关系。他们大言不惭的提议正好抓住了西方医学空虚的核心。很多年以来，医疗界认为，医生患者之间唯一实质性的联系就是注射进患者体内的药物，其他的都可以被轻松忽略，或者随便伪造。

患者（他们也是哺乳动物）感受到了美国医学中的大脑边缘系统情感空白，于是便将它整个都抛弃了。在传统医学避开治疗的情感因素时，很多群体涌现出来并提供这些情感需求。这些群体包括针灸医生、脊柱指压治疗师、女按摩师、肢体康复训练师、足疗师、草药治疗师和许多其他治疗师。为响应患者对相互关系环境的需求，这些"另类的"治疗师数量激增。这些更明智的边缘环境对患者的情感需求更加友好——包括定期接触、仔细倾听，通常，用古老的治愈之手安慰患者。这些另类医术将这些方法奉为典型的而不是偶然的治疗方式。结果呢？患者竟争先恐后用钱包表态。另类医学比传统的、目光短浅的前辈挣的钱更多。

大脑新皮质医学和大脑边缘系统医学之间的分歧越来越大，且逐渐延伸至人们服用的药物。大家对另类执业医师的热烈欢迎驱使生产商开始销售他们的另类药剂——所谓的可以包治从艾滋病到更年期综合征等各类病症的食疗保健方法，草药的或天然的疗法。这些天然药物的吸引力到底在哪儿？即使它们吹嘘的疗效太过神奇，几乎失去了真实性，人们就是感觉它们值得信赖。当前的法律没有要求必须证明食品添加剂的效果，对于草药疗法也是如此。实际上，由于监管松懈，这些药物通常会遗漏一些标签上的成分。（例如，一个对人参制剂的检测发现，只有一半的制剂含有人参，只有1/4的制剂含有可以供人使用的人参。）热闹繁忙的保健品市场——美国每年销售额达到50亿美元——足以在经济上证明美国人是多么向往一个更快的、更值得信赖的、更人性化的医药品牌。

医学的发展与边缘关怀渐行渐远，这种趋势在20世纪90年代突然加快，因为那时独立的执业医师和按服务收费的医生们组合成了一个大型企业组织——即所谓的托管式医保。情感发生了翻天覆地的变化：医疗服务曾经还是哺乳动物层次的，现在则变为爬行动物层次了。

此前的医疗管理模式下，尽管科技试图妨碍人们的交流，医生和患者之间至少还有可能建立人际关系。但是现在企业管理下的医患关系不可避免地危害了医疗中每况愈下的情感核心地位。企业拥有的是顾客，而不是患者；它建立的是财政关系，而不是边缘关系。这就像鳄鱼改不了吃人的本性一样，无论顾客在这个过程中是否被耗尽，健康维护组织（以下简称"HMOs"）都会兴旺发达。医疗企业中的个体医生可以关心患者，但是通常他们没有权力实施能让那些患者不受伤害的决定。在今天的市场，急诊室变成了侏罗纪公园，"购者自慎"已经变成了"恐吓买家"——让买方恐惧。

公司化医疗用温暖的外衣掩盖了其卑鄙的本质。每年秋天，临近医疗保险开放注册之时，人们肯定会看到各种诱人的宣称公司扶养的医疗保险如洪水般涌现出来。电视和广播广告将各种各样的保险商描绘成马库斯·威尔比[1]、琼·克莉佛[2]及特蕾莎修女的结合体，但这个编造的母亲形象从未变成现实。患者经过艰

---

1 Marcus Welby，美国20世纪70年代著名的电视剧《马库斯·威尔比医生》中的角色。——译者注

2 June Cleaver，美国20世纪50年代电视剧《反斗小宝贝》中的角色，一个在家里做完美主妇的母亲形象。——译者注

难困苦后终于明白，HMOs和托管式医疗机构支出的费用比用户付出的费用低，为此它们从中盈利。它们有效地追求这一目标，同时也培养了无情的医疗企业。医生被威逼利诱，不得及时治疗患者，而那些医疗服务配给人员却躲在官僚机构稠密的丛林后面挡住除了最顽强的自我维权者之外的所有人。很多医生不愿在公开场合讨论，但私底下却对公司化医疗体系的弊端满腹牢骚。如果你认为患者不会患上可预防性疾病，不会因为故意延误治疗而失去器官或四肢，也不会被医疗体系的疏忽夺去生命，那就大错特错了。

肯塔基州一位在托管式医疗机构工作的医生坦承，她曾经拒绝给一位患者进行手术，因而导致该患者死亡。因为她担心如果同意手术，可能会丢掉工作。在她做出这个公司式的正确决定后，她就因给机构节约成本而升职。"医患之间的距离使我们更容易做出这样的决定，"她说，"就像战争中的轰炸机飞行员永远看不见受害者的脸一样。"纽约州的卫生专员不久前发现，一个健康维护组织根据心脏外科手术死亡率资料来改进工作，将患者有选择性地转送至纽约多家专业医院。保险商将患者送到最可靠的医院了吗？当然不是这样。相反，这个健康维护组织的管理者利用上述数据，以最低的转诊费将患者转入死亡率最高的医院。然后，为了骗取宝贵的收益，他们将患者转入医疗设施最差的医院，在那里，患者最有可能遭受痛苦和死亡。

有情感的哺乳动物必须对此负责，直到人们生病去看医生变得安全起来。在此之前，我们的医生必须重塑信心，相信情感的真实本性并下定决心为之奋斗。

沃克·珀西（Walker Percy）写道："现代人正在疏远生命、疏远自己、疏远世界上的其他生命，疏远出类拔萃的生命。他失去了某种东西——是什么，他不知道；他只知道，失去了它就会病得快要死去。"那个神秘的、丢失的东西就深刻而持久地沉浸在社会关系中。它以变幻多端的形式出现，而爱就是牵着我们迷茫的生命的一根绳索。没有这种生理上的牵绊，所有人，都会一个接一个地，被扔向那渐渐逼近的深渊。

人类起源于一个非常危险的世界，在那里，一个个小群体白天寻找食物，节衣缩食；夜里挤在一起，相拥取暖。随着农业的出现，人们大规模地聚集到城镇和城市。工业革命把劳动从家庭中分离出来，使得民众成为"大量无差别的平等的个体，在某个工厂或分散到几个工厂、煤矿和办公室工作，他们再也感觉不到劳动是一种应该在家里完成的家庭事务"。经济飞速发展，家庭也随之消散。为了追求更多的财富，信息时代要求人们更彻底的放弃——人际交流的时间越来越少，抚养孩子的时间越来越少，而耗费在没有人情味的事情上的时间却越来越多。在我们的生命枯萎凋零之前，我们也许应该沉思，人类的生存到底还需要多少财富？

大部分的现代美国文化就是不断地在尝试剥夺人们最渴望的

东西所产生的后果。正如爱的胜利是不可思议的，忽视边缘情感的后果是很严重的。与所有的悲剧一样，我们的悲剧在于，我们知道这些悲伤的后果曾经拥有美好结局的潜能。查尔斯·狄更斯笔下描绘的躲在"现在的圣诞灵魂"长袍下的那两个人也存在于我们的社会："在天使应该坐上宝座的地方，却潜藏着魔鬼，瞪着威胁的眼睛。自从创造出奇妙的天地万物以来，在所有的神秘事物之中，没有一种变化，没有一种堕落，没有一种反常的人性，在任何程度上，有这些怪物一半那么令人惊恐和害怕。"只要我们愿意听从边缘情感的号令，我们的文化可以利用我们哺乳动物传承下来的神性去驱除这些恶魔。

拥有巨大脑容量和新皮质的大脑告诉我们，思想可以延续文明。图书馆和博物馆里厚厚的大理石墙壁保护我们所谓的遗产能够流传至未来。目光多么短浅啊！我们的孩子才是未来世界的缔造者——安静的婴儿、蹒跚学步的幼儿、奔跑呼号的小学生，他们柔韧的神经元承载着人类的希望。思想、歌曲以及社会的未来，将在他们灵活的大脑中生根发芽。他们既能创造世界，也能毁掉世界。但无论他们选择哪一种，那都是我们造就的。

10

未来，

我们将如何破译爱的秘密

> 在那深渊中，我看到所有的生命
> 在宇宙间七零八落，而爱
> 将他们紧紧连为一体；
> 实体、偶然和模式如此结合起来，
> 可以说，是巧妙地融合在一起，
> 我说的就是简单的一线光明。
>
> ——但丁《神曲》

首先唤起人类对解释、定义、预测的强烈兴趣——对科学的强烈兴趣——的自然现象是天体在夜空中有规律地运行。早期的天文学家根据逻辑推理提出地球是旋转的宇宙中静止不动的中心。他们认为，无数的恒星和行星嵌入了旋转的水晶壳里，因此他们看到了夜空中闪烁的星辰。

实用主义的需求很快冲击到这个简单愚蠢的模型。行星和天体运动的测量越来越精细，需要增加更多的空心球体以保持系统与观测到的现象一致。欧多克索斯（Eudoxus）假设需要27个单独的玻璃碗。亚里士多德认为，他需要55个。克罗狄斯·托勒密[1] 为了准确性的缘故，弄巧成拙地进行了进一步的修正，那个观测天体的奇妙装置风风雨雨地走过了又一个1 700年。

望远镜的发明终于打开了人类观测天体的大门，证明了地球绕着太阳高速旋转。旧时天文学家绘制的大部分天体运动都是地球在他们脚下飞驰。曾经为天文学家们服务也欺骗了天文学家们数个世纪的托勒密天体观测装置气喘吁吁，崩溃坍塌了。

我们的时代准备报废另一组不实用的过时的装置：经验主义之前的情感心理模型。科学正在忙着拆卸产生智慧、理智、激情和爱的大脑——它创造了我们每一个自我，我们每一个心灵的精巧的结构。我们被教导期望在那里出现的幽灵——本我、自我、俄狄浦斯——像黎明前的夏日星辰正在褪去。让从前的杰出人物黯然失色的发现来自一门科学，这门科学——和任何诗人的灵感一样——对一个奇幻的世界进行探索，在没有首先用理性假设其法则的连续性的情况下，寻求它的法则。

托勒密的宇宙地心地图虽然错得离谱，但是数个世纪以来它确实告知天体观察者们恒星和行星、太阳和月亮明显在运转。这个模型的预测和解释往往很准确，但它无法解释得很充分。由于其适用性的限制，即使再多的敲敲打打和修修补补也无济于事。20世纪的情感心理模式也是这样。它们为研究者们提供服务也诚心诚意地欺骗了他们，但是现在它们在自己不能化解的矛盾的持续压力下吱嘎作响，磨损绽裂。我们不是非要

1　Claudius Ptolemy，古希腊天文学家、地理学家、占星学家和光学家。——译者注

摒弃所有旧时代的观察结果——许多核心的发现将会继续延续到未来，就像从正在下沉的船上获救的船员，他们从顶部甲板的新栖息点，看着过时的船消失在海浪里。情感可以追溯到一亿年前，而认知最多只有几十万年历史。尽管它很年轻，但是大脑皮层非凡的能力让西方世界眼花缭乱并使得心灵安静的边缘情感黯然失色。因为逻辑和推理能够显而易见地成就目标，所以它们一直被认为是打开所有大门的万能钥匙。心灵的早期观测家们就是借助这个指导性的原则来制订他们的计划的，他们信仰真实的现实，至高无上的分析思维，以及理性的终极规则，这些成为他们制订计划的重要原则。

心灵的早期开拓者构建了一个空中城堡，这个城堡中飘扬着理性的旗帜，而且长久以来，我们社会都试图生活在这个奇幻的建构中。他们的努力是值得赞扬的，甚至是有远见的。但事实证明，他们构建的结构并不适合不合逻辑的人类生命居住。

边缘共振、调节和修正决定我们的情感存在，它们是进化发展为我们哺乳动物生存而构建的神经系统这座大厦的墙和塔。我们的智力在很大程度上对它们视而不见。在心灵真正的大厦里，那些允许自己由理性指引的人们会慌手慌脚地撞到墙壁并跌倒在基石上。他们是专家和学者，他们看到的爱太少因而无法避免与这个无情的架构痛苦地碰撞。

我们的社会充斥着各种专家，他们建议我们如何设法创建更美好的未来，就好像真的可以做到一样。他们利用方便可靠的假设，没有休止或向后看，即理智操纵一切。不是这样的。"理性的最后一步，"布莱斯·帕斯卡写道，"就是认识到无穷无尽的事物超越了理性。"在新的纪元开始时，科学正在开始迈向那个睿智的顶峰。

尽管我们的文化在每一个转折点可能都会反对人们，但是如果他们培养起他们大脑边缘系统需要的连接，那么他们仍然可以设法过上成功的生活。无论人类的未来拥有什么，我们将永远不会摆脱我们作为神经生物体、哺乳动物、灵长类动物的传统。因为我们是情感动物，疼痛不可避免，悲伤终会到来。因为世界既不公平也不合理，苦难也不会均匀分配。一个凭直觉知道心灵法则的人有更好的机会生活得更好。一个社会的人都这样做，前景将无法估量。

寻求爱的原理的探险活动还远未结束。虽然科学让我们能够更仔细地瞥见这座塔或那面高耸的墙，但是心灵的城堡仍然高高耸立在天空中，笼罩在掠过的浮云中，淹没在缥缈的薄雾中。科学将会在某个时候宣布所有爱的秘密的全部真相吗？经验主义将会因循前人从未走过的路径，从心灵城堡高耸的空中楼阁回到确实可信的根底基岩吗？

当然不会。如果我们指望单枪匹马的经验主义来界定和揭示人类的灵魂，那我们就要求得太多了。唯有和艺术结合，科学才会变得如此精确。两者都是隐喻，通过它们，我们努力了解世界和自己；两者都可以激发灵感闪现，照亮内外景观，但灵感无常，需要无休止地重新发现。卡尔·桑德堡（Carl Sandburg）曾经写道，诗歌就是打开门又关上门，留下那些往门里看的人猜想在一瞬间可以看到些什么。我们可以合情合理地提出的最大要求是科学能够时常敞开它的大门，并且允许我们有一瞬间的时间偷窥里面丰富的秘密。

人类等待着真相可以从那扇开启的大门中闪烁出来。最终，所有这些发现只有一个目的：帮助人们发挥他们快乐和满足的潜能。虽然我们不能改变爱的本质，但是我们可以选择藐视它的号令或者选择在它的墙内茁壮成长。有智慧这样做的人们将会听从他们的心声并从他们跟其他人的相互关系中汲取力量，而且他们也会培养他们的孩子这样做。

致　谢

　　每本书都是在思想交融、心灵交汇的基础上诞生的。从一个想法的萌芽，到读者手中那一页一页整洁的书页，每本书的存在都要归功于一支专注的团队的精诚合作——而在这部作品中，与其他两位合著者的合作，更是如此。

　　1991年，我在旧金山的加利福尼亚大学遇到阿米尼博士和兰农博士时，前者在那里工作了28年，后者工作了12年；他们自1970年以来一直在一起工作。他们一起治疗了数千名患者，教授了数百名正在接受培训的医生和治疗师。当时我正在接受住院医师培训，在现代精神病学的矛盾和可疑学说的轰炸下，我感到头晕目眩。虽然我对精神病学知之甚少，对人的了解也更少，但我意识到阿米尼博士和兰农博士领导的研讨会非常出色——一位精神分析学家和一位生物精神病学家团结起来，友好而相互尊重地讨论心理疗法的发展、情绪障碍和爱。不熟悉学术精神病学这种具有分歧性质的读者可能不会欣赏这种配对的罕见之处——比方说，就像在当地的酒吧里看到一个蒙太古家族（Montague）的人和一个凯普莱特家族（Capulet）的人轮流从一个啤酒杯里喝啤酒。

这种引人注目的合作只是意想不到的开始。阿米尼博士和兰农博士组织的丰富而复杂的研讨会，对于知识分子来说既不容易理解，也不容易用语言表达。许多住院医师感到茫然和困惑。乍一看，我认为我的老师们明显的、令人抓狂的不精确，证明了思想的某种模糊性在这一领域相当流行。最后，我恍然大悟，我意识到我的不理解并不代表任何人的无能，而是一种必然性——可以说，他们两人是在另一个层面上谈论着不易用语言表达的问题。我逐渐明白，阿米尼博士和兰农博士在从事临床工作的生涯中（早在我开始从事临床工作之前）积累了丰富的关于人类心灵的智慧。他们坚决抵制我们这些住院医师每天要求他们做的那种致命的简化和诱人的现成解决方案，因为他们确信这种令人满意的捷径毫无意义。相反，他们试图把来之不易的秘密传授给学生，就像音乐一样，用一种与人们最熟悉的语言截然不同的语言来表达。

迄今为止，这种全新的精神病学研究方法和精神病学教学方法，我在任何地方都没有遇见过。于是我决定，如果我要学习精神科医生——或者任何人——需要知道的关于人类心灵的知识，我就向阿米尼博士和兰农博士学习，不然我就不学。

我住院医生实习期满后，阿米尼博士和兰农博士允许我和他们一参加我第一次接触的情感生活共鸣话题的研讨会。两方合作已经够困难的了，而三方协作要成功就更不太可能了。尽管如此，我们的三人小组还是证明了这一不可思议的奇迹。当我们的想法和精力汇集在一起时，各种想法纷至沓来。大多数都围绕着阿米尼博士临床工作的核心内容：一种对两个心灵之间的情感接触所固有的生命塑造力量的信念。

我们开始竭尽所能地了解这种难以捉摸而又强大的现象的生物学事实。从事这样一个项目所需要的知识比我们任何人所拥有的都要多。多年来，我们收集了所有与情感生活相关的事实，我们在周六早上见面，仔细研究这些资料。我们一边喝着橙汁，吃着松饼和鸡蛋，一边互相交换着来自陌生流派的晦涩难懂的知识，我们倾听、探索和争论。零散的元素慢慢地开始凝聚，它们最终在本书中得到了综合的体现。

在那些周末座谈会和你手里拿着的书之间发生了很多事情。我们的想法在加利福尼亚大学旧金山分校的精神科住院医生中得到了验证。面对他们友善的怀疑态度，我们尊重自己的想法。我们在加利福尼亚大学旧金山分校的病例研讨会、旧金山精神分析研究所，以及美国团体心理治疗协会和美国精神病学协会的年度会议上，向专业听众发表演讲（大多数这样的活动都是由我们的朋友兼同事艾伦·路易博士组织的）。由此产生的专业对话帮助我们进一步确定了我们的思想和使命。

当我们的思想凝聚到一定程度时，我们在《精神病学》杂志上发表文章，简要概述了我们的理论范式。那些发掘出那本仁慈期刊相关问题的自虐读者，可能会透过密集的学术语言发现我们的一些想法。1996年，当我们离开大学时——首先是阿米尼博士，然后是兰农博士，最后是我自己——我们决定把接下来的时光用于在书中以可读的形式写下我们的爱的理论。

当我开始把我们共同的想法凝结成文字，赋予它们声音和形式时，我遇到了一个巨大的障碍：我不知道如何写作才能取得成功。"任何恶毒语言都不足以痛斥这本可怕的书。"几十年前，我在一篇作品评论中读到这样一句话，现在这部作品的名字已经被我忘却了。但是我很遗憾地报告说，这一判决同样适用于我试图将这些想法转换成语言的本书初稿。如果我没有幸运地遇到格伦达·霍布斯博士，这本书就会在我无知的浅滩上搁浅。我非常感谢她教会了我几乎所有关于写作的知识。很久以前，中国哲学家老子写道："见小曰明。"在这个例子中，功劳属于霍布斯博士，她通过一种我无法理解的炼金术艺术，从本书初稿的废话背后，发现了一个有价值的核心，并帮助我把最好的东西展现出来。

在本书脱稿的不同阶段，许多人都非常友好地阅读了书稿的全部或部分内容，并提出了宝贵的意见，他们是：莉斯·阿米尼、塞西莉亚·兰农、苏·刘易斯、克里斯蒂娜·阿米尼、艾伦·兰格曼、琳达·莫茨金、苏·哈尔彭、卡里尔·古尔斯卡、大卫·柏林斯基、罗伯特·迪尼可兰东尼奥、艾梅·韦斯特、以斯拉·爱泼斯坦、克里斯汀·恩格尔、玛雅·威尔金森、迈克·麦克瑟尔和德布·西摩。我的好友兼同事埃德·伯克尤其慷慨，他毫无怨言地阅读了无数版书稿。他不仅借给我一双敏锐的慧眼，还让我了解到他对每一个话题的丰富而渊博的知识。在马克·鲍威尔森的鼓励和指导下，一个新手穿越无边无际、丛林密布、缺乏经验的写作荒野，终于抵达出版社的大门。

我们衷心感谢莫茨金设计公司的丽莎·莫茨金，她优美的设计为这本书的内饰增添了光彩。保罗·埃克曼、罗伯特·沃勒斯坦和朱迪思·沃勒斯坦等长期的朋友和同事，一直是本书的坚定支持者，我们感谢他们为本书所做的不可或缺的努力。

罗伯特·沃勒斯坦博士和朱迪思·沃勒斯坦博士非常好心，把我们介绍给了我们的经纪人卡罗尔·曼恩。我们非常感激曼恩，她在许多问题上给予了我们宝贵的建议和指导。虽然我们曾经希望能有一个代理人对我们的作品感兴趣，但我们从未想过会遇到一个人，他对本书的理解和热情在某些方面甚至超过了我们自己。

兰登书屋（Random House）的敬业团队也是如此，这里有很多人对本书充满了关爱；对他们所有人，我们表示最真切的感谢。斯科特·莫耶斯对这个项目的热情奉献是至关重要的。他以外科医生的精准和艺术家的灵巧，挥舞着他的编辑之刃，鞭策我写出更好的书，他相信我能写得比我交给他的那本书更好。我们不可能找到比他更有能力或更细心的人来托付这么多年的劳动成果了。

凯特·尼兹维茨基在各种各样、数不胜数的问题上提供了不懈的帮助。本杰明·德雷尔在詹妮弗·普赖尔的帮助下，修正了文本中大量的大大小小的错误，并以精湛的技术和关怀指导本书的制作。安迪·卡彭特（Andy Carpenter）所做的优美封面设计以其自身的沉默和令人回味的媒介，说明了一切。兰登的玛丽·巴尔的热情支持令人振奋，也起到了关键作用。我们衷心感谢兰登书屋的总裁、出版商和主编安·戈多夫，感谢她坚定不移的热情和至关重要的创造性投入。

我们的病人教会了我们很多东西，我们感谢他们邀请我们进入他们的生活，感谢他们在艰难的变革挑战中接受我们的勇气。最后，我们要感谢我们各自的家庭，没有他们的爱和忍耐，这一切都是不可能的。

在整理这些从开始到最终对本书产生影响的因果因素、形成因素时，我深感这项使命的艰巨。如果没有上面所列举的每一个人（以及许多没有被列举出来的人）的参与和热情，就不会有这本书，或者，至少是一本完全不同的、质量低劣的书。每个人的生命正是依赖于这样一个脆弱的巧合链——当事情在看似无法克服的困难中好转时，就更有理由去庆祝和高兴。

托马斯·刘易斯，医学博士

加州，索萨利托

作者简介

托马斯·刘易斯，医学博士，加利福尼亚大学旧金山分校医学院精神病学临床教授。1964年，他出生于科罗拉多州丹佛市，曾就读于科罗拉多大学博尔德分校，并以优异成绩获得心理学和英语学士学位。然后就读于加利福尼亚大学旧金山分校医学院，并在那里接受了精神病学培训。在住院医师实习期满后，担任情感障碍项目的副主任。1996年离开加利福尼亚大学旧金山分校，目前主要从事写作并担任私人执业精神病治疗师，仍然在医学院教授发展心理学、精神药理学和精神生物学，住在加利福尼亚州索萨利托市。

法拉利·阿米尼，医学博士，加利福尼亚大学旧金山分校医学院精神病学教授。1930年出生于伊朗德黑兰，1949年来到美国加利福尼亚大学伯克利分校求学，并以优异的成绩获得数学学士学位。在加利福尼亚大学旧金山分校医学院学习后，接受了密歇根大学成人精神病学和加利福尼亚大学洛杉矶分校的儿童精神病学的培训。1963年，回到加利福尼亚大学旧金山分校任教33年。在大学任职期间，曾担任青年服务部主任、门诊部主任、临床服务部主任和住院医师培训主任，六次荣获住院部医师培训优秀教学奖。自1971年以来，一直在旧金山精神分析研究所任教，并于1981年担任该研究所所长。已婚，育有六个孩子，住在加利福尼亚州罗斯市。

理查德·兰农，医学博士，加利福尼亚大学旧金山分校医学院精神病学临床副教授。1943年出生于马萨诸塞州的劳伦斯市。他曾就读于芝加哥大学，并以优异的成绩获得生物化学学士学位。然后就读于加利福尼亚大学旧金山分校医学院，并在那里接受了精神病住院医师培训。在私人执业数年后，于1979年回到加利福尼亚大学旧金山分校担任全职教师。1980年，在加利福尼亚大学旧金山分校创立了情感障碍项目，这是一个集研究、教学和患者护理于一体的开创性项目，旨在将心理学和生物学结合起来，治疗情绪障碍。1996年退休前，一直担任该项目的主任。在加利福尼亚大学旧金山分校期间，四次荣获住院部医师培训优秀教学奖。目前主要从事私人执业，继续在大学任教。已婚，育有两个孩子，住在加利福尼亚州格林布雷市。

自1991年以来，托马斯·刘易斯博士、法拉利·阿米尼博士和理查德·兰农博士一直在一起工作。他们每个人都来自不同的精神病学时代：阿米尼博士来自精神分析不受质疑的时代；兰农博士的时代，则是精神药物在治疗情感疾病中首次应用的时代；而刘易斯博士来自最近一代的精神病学家群，他们在精神动力学与神经科学的碰撞中接受过训练。他们三人对心灵的传统描述不满意，将自己的力量整合起来，构建了不同的范式。他们通力合作，已经为精神病学专业人士提供了大量学术论文和无数的报告。更重要的是，他们的合作催生了最宝贵的合作成果：创造力、快乐和友谊。

图书在版编目（CIP）数据

爱的起源：从达尔文到现代脑科学/（美）托马斯·
刘易斯（Thomas Lewis），（美）法拉利·阿米尼
（Fari Amini），（美）理查德·兰龙（Richard Lannon）
著；黎雪清，杨小虎译. --重庆：重庆大学出版社，
2020.1（2021.2重印）
（心理自助系列）
书名原文：A General Theory Of Love
ISBN 978-7-5689-1443-7

Ⅰ.①爱… Ⅱ.①托…②法…③理…④黎…⑤杨
… Ⅲ.①人际关系—研究 Ⅳ.①C912.11

中国版本图书馆CIP数据核字（2019）第262406号

爱的起源：从达尔文到现代脑科学

AI DE QIYUAN：CONG DAERWEN DAO XIANDAI NAOKEXUE

[美]托马斯·刘易斯（Thomas Lewis）

[美]法拉利·阿米尼（Fari Amini）　　　　著

[美]理查德·兰龙（Richard Lannon）

黎雪清　杨小虎　译

鹿鸣心理策划人：王　斌

策划编辑：敬　京

责任编辑：杨　敬　　版式设计：敬　京
责任校对：王　倩　　责任印制：赵　晟

*

重庆大学出版社出版发行
出版人：饶帮华
社址：重庆市沙坪坝区大学城西路21号
邮编：401331
电话：（023）88617190　88617185（中小学）
传真：（023）88617186　88617166
网址：http://www.cqup.com.cn
邮箱：fxk@cqup.com.cn（营销中心）
全国新华书店经销
重庆市国丰印务有限公司印刷

*

开本：720mm×1020mm　1/16　印张：19　字数：197千
2020年1月第1版　　2021年2月第2次印刷
ISBN 978-7-5689-1443-7　定价：59.00元